AF612701

CE QU'ON DIT AU VILLAGE

PARIS. — IMP. A.-E. ROCHETTE, B[d] MONTPARNASSE, 72-80

Eugène **GELLION-DANGLAR**

CE QU'ON DIT

AU

VILLAGE

I. La Guerre. — II. Servitude volontaire. — III. La Conscription. — IV. Libre pensée et Libres actions. — V. L'Éducation des femmes. — VI. — Tyrannie et suffrage universel. — VII. Politique et Socialisme. — VIII. Citoyens et Soldats — IX. Instruction obligatoire — X. Révolution et Révolutionnaires. — Derniers conseils

PARIS

(BIBLIOTHÈQUE LIBÉRALE)

LIBRAIRIE DEGORCE-CADOT

70 *bis*, RUE BONAPARTE, 70 *bis*.

1869

A. CH.-L. CHASSIN

MON CHER AMI,

Vous avez accordé dans *La Démocratie* une bienveillante hospitalité aux articles que je réunis dans ce volume après les avoir relus et complétés. Je ne crois pouvoir mieux faire que de vous en offrir le recueil. Puisse-t-il avoir auprès du public une part du succès qu'ont obtenu les fragments épars du travail dans le journal que vous dirigez avec tant de conviction, de courage et de talent.

A vous.

E. GELLION-DANGLAR.

Paris, mai 1869.

I

LA GUERRE.

I

La Guerre.

—

Je me trouvais en octobre dans le Jura, où j'ai une partie de ma famille et où je vais de temps en temps passer quelques jours. De la fenêtre ouverte d'une magnanerie, convertie depuis des années en maison d'habitation, je contemplais en rêvant un horizon restreint, mais agréable. Au pied de la maison s'étendait un vaste pré coupé par une petite rivière qui serpentait entre les saules rabougris; plus loin, à la croisée de deux routes, se dressaient de fiers peupliers; dans le fond, à gauche, je voyais la colline de Thoulouse avec sa vieille église et son pan de forteresse qu'on affuble du nom de ruine romaine, et je me rappelais l'origine de la famille de Marnix, illustre dans les annales de la libre pensée, et à qui appartînt jadis la seigneurie de cet endroit. De l'autre côté, je rencontrais l'usine et le château tout moderne de Baudin, à M. M......, qui a eu des parents tués dans les zouaves pontificaux. Dans le lointain, avec un peu de bonne volonté, je me figurais les monts de Poligny et le premier plateau du Jura.

Je n'étais pas bien loin du lieu où naquit l'auteur de notre immortel chant national, et, à travers les murmures de la bise en colère, il me semblait démêler quelques-uns de ces mâles et sublimes accents que m'apportaient les échos du Jura. Les traditions du patriotisme et de la liberté sont impérissables dans nos montagnes.

Attristé cependant par la comparaison que je faisais du présent sombre avec le passé lumineux, je résolus de faire une promenade, et je m'acheminai vers le bourg. En arrivant sur la place de la Fidélité, dont un maire contemporain a jugé bon de changer le nom en celui de place du Commerce, j'aperçus le père Jean-Claude sur sa porte. Je me dirigeai de son côté.

Le père Jean-Claude est un homme de soixante-huit ans, grand, vigoureux encore, paysan honnête et intelligent, frotté de monde et de lecture, allant et venant sans cesse, et qui a passé à Paris, il y a une vingtaine d'années, une semaine dont il se souvient toujours avec émotion.

En me voyant de loin, il me cria :

— Bonjour, m'sieur Eugène! Et puis; on est venu se promener par ici?

— Comme vous voyez, monsieur Jean-Claude; je fais un tour de ville en cherchant des nouvelles.

— Ma foi! notre Sellières n'est point grand et le tour en est bientôt fait. Pour les nouvelles, je n'en connais point; non.

— Qui est donc ce monsieur qui passe là-bas?

— Eh pardi! c'est m'sieur Guillaumin, l'ancien maître de forges, un assez gros propriétaire de nos environs, qui a son fils à Paris pour faire ses études; est-ce que vous ne le connaissez point?

— Je l'ai à peine entrevu deux ou trois fois, et d'une année à l'autre les visages s'oublient.

— Tenez! le voilà qui vient vers nous. Il me fait la cour dans ce moment-ci parce qu'il a besoin d'un petit morceau de terre qui est mitoyen avec sa propriété, et qu'il veut me l'acheter le moins cher possible. Il n'y a pas seulement un demi-journal de vigne; mais c'est égal! je ne le lâcherai que contre un bon prix.

M. Guillaumin s'approchait en effet; dès qu'il fut à portée de la voix, il dit à Jean-Claude :

— Bonjour, Jean-Claude! Qu'y a-t-il de nouveau?

— Eh! ma foi je ne sais point. C'est à vous, qui allez souvent à Paris et qui en recevez des lettres, qu'il faut demander cela. Et puis, m'sieur votre fils, on ne l'a pas vu de nos côtés, ces vacances?

— Georges a achevé ses études cette année; il a passé ses examens, et il entre à Saint-Cyr.

— A Saint-Cyr! fit le père Jean-Claude, et combien de temps doit-il rester là?

— Deux ans.

— Et en sortant de là, qu'est-ce qu'il fera?

— Il sera officier.

— Ah! ce pauvre m'sieur Georges! cela me fait de la peine pour lui : c'était un brave garçon, tout de même.

— Oh! nous ne l'avons pas poussé à embrasser cette carrière-là; sa mère aurait même bien mieux aimé qu'il en prît une autre. Mais il paraît que c'est son goût, sa vocation.

— Ah bien! ma foi, m'sieur Guillaumin, ce n'est

point du tout celle de notre Pierre ; il va tirer l'année qui vient, et, avec la nouvelle loi, il en aura pour ses neuf ans. Ce ne serait point mon avis non plus de le voir partir ; mais nous sommes contraints et forcés, nous.

Je ne pus m'empêcher de prendre alors la parole.

— Je comprends, dis-je, que l'on subisse une si terrible loi quand on ne peut faire autrement. Mais ce que je n'ai jamais pu me figurer, c'est que, de gaieté de cœur, par goût, par plaisir, on entre dans la carrière militaire. Qu'un enfant, qu'on entoure de zouaves et de hussards de plomb, de petits fusils, de petits canons, de trompettes et de tambours, se prenne d'une belle passion pour la soldatesque, cela n'a rien d'étonnant. Mais que, l'âge venant de réfléchir et de se choisir une carrière, le jeune homme se demande : Qu'est-ce que je pourrais bien faire dans le monde et à quoi consacrerais-je utilement ma vie ? et se réponde : Je serai tueur d'hommes ! Voilà ce qui me passe, m'indigne et m'afflige profondément.

— Mais, monsieur, dit doctoralement M. Guillaumin en se tournant vers moi, l'on ne peut faire la guerre sans armée !

— Assurément ; mais on pourrait commencer par ne pas faire la guerre.

L'ancien maître de forges haussa légèrement les épaules.

— D'autant plus, hasarda Jean-Claude, que ça coûte gros et que ça ne rapporte pas beaucoup.

— Cela ne rapporte, dis-je, que le despotisme, l'ignorance et la misère, le tout enveloppé dans une fumée malsaine qu'on appelle la gloire.

— Ma foi ! dit Jean-Claude, c'est bien vrai ; et il vaudrait beaucoup mieux conserver nos bras pour travailler la terre, qui en a toujours besoin et qui en manque toujours, spécialement dans nos pays.

— Comment ! se récria M. Guillaumin, c'est là tout votre patriotisme, père Jean-Claude ?

— Oh ! pour ça, m'sieur, reprit Jean-Claude en s'animant un peu, mon patriotisme ne doit rien à celui de personne, et je suis peut-être même plus patriote que vous ; mais je l'entends autrement. Si l'on m'attaque je me défends et je tape dur, rien de plus naturel ; mais, si l'on ne me dit rien, pourquoi irais-je attaquer les autres chez eux et me mêler de leurs affaires qui ne me regardent point ?

— Mais, dit M. Guillaumin, c'est une question d'influence, de prépondérance : nous ne pouvons laisser quarante millions d'Allemands...

— Tenez! vous me faites rire, interrompit Jean-Claude ; est-ce que vous croyez, bon patriote que vous êtes, que trente-huit millions de Français sont pour avoir peur de quarante millions d'Allemands? Est-ce que l'influence des uns ne vaut pas celle des autres ou à bien peu de chose près? Et puis, qu'est-ce que tout ça signifie? Le droit est le droit : les Allemands veulent être Allemands comme nous voulons être Français, comme les Italiens veulent être Italiens. Qu'est-ce que nous faisons à Rome avec le pape? S'il pouvait se trouver qu'un prédicateur protestant fût roi de Paris et si les Prussiens venaient camper dans vos Champs-Elysées et sur vos boulevards pour le soutenir, qu'est-ce que vous diriez? Soyez donc raisonnable : chacun pour soi et la liberté pour tous. Je lis quelquefois, à la veillée, des histoires du temps jadis : la France n'a pas toujours été ce qu'elle est; il y a eu un temps où Jeanne Darc, que les prêtres ont brûlée vive, a fait pour notre pays ce que Garibaldi a fait à notre époque pour l'Italie. Ne faut-il pas que l'heure de toutes les nations finisse par sonner? Dame, moi, je ne suis point savant, et je mêle les choux et les carottes. Vous connaissez tout ça mieux que moi. Mais voilà mon opinion.

— C'est la bonne, monsieur Jean-Claude, dis-je à mon tour. Sans l'indépendance complète et réciproque de tous les peuples, il n'y a point de paix possible ; sans la paix il n'y a point de liberté à espérer, et sans la liberté point de prospérité, ni agricole, ni industrielle, ni commerciale, point d'élévation intellectuelle, de littérature, de beaux-arts. Le despotisme marche le sabre à la main ; il est soutenu par l'ignorance et la misère ; il amène à sa suite la corruption, la bassesse, l'abâtardissement moral et physique ; il finit par consommer la ruine et la mort des nations, et par se perdre lui-même avec elles.

M. Guillaumin, tout pâle de fureur, dit alors en grinçant des dents :

— Le sabre ne paraît pas être de trop, quand on entend des déclamations de cette nature.

— Ah ! nous y voilà, repris-je. Si c'est un peu pour combattre les Prussiens, c'est beaucoup aussi pour contenir les Français, que vous voulez une armée. Oui, monsieur Jean-Claude, cela est arrivé bien des fois : un gouvernement se conduit mal, commet des fautes, viole son principe, opprime la liberté. Le mécontentement naît, grandit, s'étend, envahit tout, éclate ; un conflit sanglant a lieu, et votre fils qui est officier, monsieur Guillaumin, et votre fils qui est soldat, monsieur Jean-Claude, sont lâchés sur les citoyens. Ils marcheront contre vous, ils marcheront contre les pères, contre les frères, contre les amis, et ils leur passeront sur le corps pour la plus grande gloire de la discipline, le plus bel honneur du drapeau et le plus grand profit du despote. Voilà comme on entretient, à vos frais, la haine et le mépris des Français les uns contre les autres.

— Mais enfin, ce que vous dites là, voulut reprendre M. Guillaumin, des paroles aussi incendiaires...

Je l'interrompis :

— Monsieur, je me tais et je me retire. Cet endroit n'est pas bon pour causer, et d'ailleurs vous n'êtes pas de ceux que j'espère convaincre.

— Ah! m'sieur Eugène, s'écria le père Jean-Claude, tout ce que vous dites me va joliment à moi. Mais les choses sont bien difficiles à arranger, et il est à croire qu'elles resteront encore longtemps comme elles sont :

— Cela dépend de vous, lui dis-je.

— De moi? fit-il.

— De vous et de nous tous. Venez donc me voir un de ces jours, nous jaserons un peu de tout cela, pas vrai, monsieur Jean-Claude?

— Pardi! je veux bien.

— A bientôt donc!

Je le quittai et je remontai à la Magnanerie. La bise continuait à souffler; je songeais à hier et à demain, et, le long de la route, je fredonnais comme malgré moi :

Allons, enfants de la patrie!

II

SERVITUDE VOLONTAIRE.

II

Servitude volontaire

—

Une après-midi que j'étais à la Magnanerie en train de lire dans les journaux les nouvelles de la révolution d'Espagne, le père Jean-Claude vint me voir comme il me l'avait promis; et, après que nous eûmes échangé les salutations ordinaires, il me demanda si je voulais reprendre la conversation où nous l'avions laissée sur la place de la Fidélité.

— Assurément, lui répondis-je. Où en étions-nous restés?

— Eh bien! me dit-il, nous parlions de beaucoup de choses : de la guerre, de la paix, des armements, de la nouvelle loi sur l'armée, du diable et de son train. J'étais d'accord avec vous pour dire qu'il y avait diantrement à changer dans tout cela, n'en déplaise à M. Guillaumin qui enrageait et maugréait; mais je jugeais que c'était bien difficile et qu'on ne pouvait guère espérer d'améliorations véritables. Vous, vous prétendiez que cela ne dépend que de nous. Je serais tout de même curieux de savoir comment, m'sieur Eugène; car enfin, nous ne pouvons rien dans le gouvernement, nous autres.

— Nous y pouvons tout, au contraire. Mais écoutez-moi : que croyez-vous que soit le gouvernement?

— Dame! moi, je ne sais point. Le gouvernement, c'est celui qui tient, comme on dit, la queue de la poêle.

— Sans doute. Et qui est-ce qui fournit le beurre et les œufs pour faire l'omelette?

— Eh! c'est pardi bien nous.

— Justement. On pourrait même ajouter qu'avec tout cela ce n'est pas nous qui en mangeons les meilleurs et les plus gros morceaux. Et, puisque vous aimez les figures, je vous dirai que le gouvernement n'est que notre serviteur à tous, le valet gagé de la grande ferme, trop grande pour que nous puissions l'administrer nous-mêmes.

— Oui, mais, dites donc, c'est un serviteur qui fait joliment le maître !

— Voilà précisément où est le mal; mais à qui la faute? Le véritable et le seul maître c'est celui qui paie. Apprenons une bonne fois à nous faire servir pour notre argent et ne nous laissons pas commander par qui doit nous obéir.

— Vous avez, ma foi, bien raison. Mais le moyen de redresser ce qui est de travers, de remettre à l'endroit ce qui se trouve tout à fait à l'envers du bon sens?

— Dans les circonstances où nous sommes, il n'y en a qu'un seul, mais il est infaillible et ne doit coûter à personne ni une larme ni une goutte de sang : c'est le vote.

— Le vote? Et puis, comment cela se fait-il?

— Rien de plus simple : que tous les électeurs, c'est-à-dire tous les Français, qui pensent comme vous et moi, — et ils sont bien plus nombreux qu'on ne croit, — n'envoient en 1869 à la Chambre que des députés voulant tout ce que nous voulons et tout ce que ne veut pas le gouvernement...

— Et alors...

— Et alors, ou bien le gouvernement se le tiendra

pour dit et obéira, par la force de sa propre constitution, à la volonté de la nation clairement et irréfutablement manifestée dans les élections, ou bien il désobéira et s'insurgera contre le vœu de la France...

— Et après?

— Et après... Oh! monsieur Jean-Claude, vous m'en demandez trop.—Tirez en vous-même, qui êtes homme de jugement et de logique, la conclusion que vous voudrez. Ne sortons pas de notre sujet.

— Mais si le gouvernement fait tout ce que veut le peuple, ce sera un gouvernement faible, et ils disent tous comme cela qu'il faut un gouvernement fort.

— Ceux qui disent cela, quand ce ne sont pas des imbéciles, sont des gens qui se moquent du monde. Ce qu'ils appellent, dans leur argot, un gouvernement fort, n'est fort que contre le pays. Or, la force, en bonne justice, n'appartient qu'au pays, dont le gouvernement ne doit être, encore une fois, que le très-humble et très-obéissant serviteur. Moins nous serons gouvernés, mieux nous nous porterons. On mène des enfants, mais les hommes se conduisent tout seuls. Dites-moi, sommes-nous des hommes? Nous, qui nous appelons la grande nation, et qui ne pouvons ni parler, ni écrire, ni nous réunir, ni enseigner, ni faire la guerre, ni demeurer en paix, ni nommer nos représentants, sans que le gouvernement s'en mêle, substitue sa volonté à la nôtre, nous oppose des entraves, nous impose des choix, nous nous laissons traiter comme un peuple en bas âge, tandis que les Américains, les Suisses, les Anglais, les Belges, les Hollandais, les Italiens, les Allemands, les Espagnols, les Grecs, ont depuis plus ou moins longtemps atteint leur majorité, quelques-uns, ce qui est le plus curieux, avec notre appui, et marchent droit et ferme dans la plénitude et la liberté de l'âge mûr. Voilà ce qui m'humilie et me fait souffrir dans mon patriotisme. Le moment n'est-il pas venu enfin de rejeter pour jamais les lisières que nous avons si souvent rompues et qu'on nous a toujours remises? Pour la première fois, nous pouvons nous affranchir sans révolution violente, usons de ce moyen, et vous verrez que nous nous en trouverons bien.

— Mais, m'sieur Eugène, si le gouvernement est, faible — pardon! j'en reviens encore là, — comment pourra-t-il conserver l'ordre ou le rétablir dans le cas où il serait troublé?

— Et moi je vous répéterai que plus le gouvernement sera faible, plus la nation sera forte, et qu'alors personne n'aura intérêt à troubler l'ordre, ni surtout ne sera assez puissant pour y parvenir. Quand une société ne sait ni se maintenir ni se sauver elle-même, malheur à elle ! Elle ne tarde pas à tomber sous le joug honteux et ruineux d'un sauveur d'occasion et de la bande de ses affidés. Vous êtes allé en 1848 à Paris, monsieur Jean-Claude, vous y avez vu le peuple en possession, pendant bien peu de jours, hélas ! de sa pleine et légitime souveraineté : quels désordres, quelles spoliations, quelles exécutions ont affligé vos regards ?

— Je n'y ai, ma foi, rien vu de pareil. On était joyeux, on se sentait libre, on vivait, quoi ! J'ai vu des fêtes où des centaines de mille hommes étaient rassemblées, sans qu'on y aperçût tant seulement l'ombre du bout du nez d'un sergent de ville ou d'un gendarme, et il n'y a pas même eu un petit chien à qui on ait écrasé la patte. On parlait, on chantait, on criait, on écrivait, sans avoir peur d'aller coucher en prison. Le pain était à dix sous les quatre livres. C'était trop beau. Il est bien fâcheux que ça n'ait pas duré davantage.

— Ce n'est ni votre faute, ni la mienne, ni celle de la liberté, ni des vrais amis de la liberté. Il y a eu bien des complications dans tout cela; et, quelles qu'aient été les causes des événements qui se sont produits, le passé nous doit être une bonne leçon pour le présent et pour l'avenir. Souvenons-nous de ce que furent nos pères, de ce que nous fûmes nous-mêmes; regardons autour de nous les nations d'hommes qui suivent la grande route du progrès, de la justice et de la vérité, et ne soyons plus ce peuple d'enfants hargneux et fanfarons qui se campent, le poing sur la hanche, sur le pas de la porte, et font la grosse voix pour effrayer au dehors, et qui, rentrant dans l'école, y reçoivent le fouet des mains du magister.

— Vrai, vous parlez comme saint Jean Bouche-d'Or. C'est-il dommage que M. le curé ne vous entende pas !

— Quel curé ?

— Eh ! pardi, le curé de notre village où nous avons le moulin. C'est bien le plus brave homme de toute la Bresse, et je veux vous faire dîner une fois avec lui.

— Vous fréquentez donc les curés, monsieur Jean-Claude ?

— Oh ! ce n'est pas moi, c'est ma femme. Moi, vous savez, je ne les aime guère, et je me soucie de toutes leurs mômeries comme de rien du tout. C'est ce qu'on appelle un bon vivant, un bon enfant, et qui n'est pas bigot ni cafard, non. Il entend la raison ; enfin, il n'est pas comme les autres, c'est un vrai libéral.

— Vous croyez cela? Je parie qu'il est pire que les autres.

— Oh! pour ça, je parie bien que non, et je vous défie de me le prouver.

— Ce ne sera peut-être pas très-difficile. J'accepte votre invitation à dîner avec lui, et vous verrez.

— Nous verrons. Venez mercredi, c'est jour de marché ; il ne manque jamais de se rendre à Sellières ce jour-là. Je l'engagerai à manger la soupe. C'est dit.

— C'est dit.

— A mercredi.

III

CONSCRIPTION.

III

La Conscription.

—

Le mardi suivant, je vis arriver chez moi le père Jean-Claude. Il paraissait tout triste.

— Qu'avez-vous, monsieur Jean-Claude ? lui demandai-je.

— Ma foi ! m'sieur Eugène, il faut que vous nous excusiez pour demain. M. le curé nous a fait dire qu'il ne pourra pas venir dîner chez nous, vu que c'est *Quatre-Temps* et qu'il doit observer le jeûne. Ce sera pour une autre fois.

— Mais ce n'est pas cela qui vous afflige et vous donne une mine aussi renfrognée, je suppose ?

— Oh ! dame, non. Mais, voyez-vous, il y a autre

chose. Vous savez bien que le tirage au sort a eu lieu hier, et notre Pierre a attrapé le numéro quatre. Vous pensez si la mère pleure; et moi, ça me chiffonne aussi tout de même.

— Vous n'ignorez, pas, monsieur Jean-Claude, que, depuis la nouvelle loi, il n'y a plus de bons numéros.

— Sans doute. Mais on a beau prévoir et attendre ces coups-là, ils ne laissent pas que de vous frapper. Et puis il n'y a pas que nous. Les vieux, ce ne serait encore rien, c'est fait pour se résigner; mais les jeunes, ça ne comprend pas la résignation. Il y a la Clorinde au père Mathieu, un beau brin de fille et bien honnête, qui ferait joliment l'affaire de notre Pierre et qui aurait bonne envie d'être sa femme. De plus, elle a une belle dot en terre; le père Mathieu a de quoi, et moi et la Jacqueline nous n'avions point de répugnance à laisser faire notre fils. Mais voilà qu'il faut attendre neuf ans! La Clorinde, qui en a dix-sept, en aura alors vingt-six, et Pierre approchera de la trentaine; il aura perdu l'habitude du travail et pris peut-être celle de la boisson, sans compter mille autres mauvaises coutumes. Et puis, est-ce que ces enfants pourront s'attendre jusque-là ? Il leur passera bien des choses en tête pendant un si long temps. Je ne parle pas de Pierre, c'est un homme. Mais les épouseurs ne manqueront pas à la Clorinde, et, dès à présent, elle n'a que l'embarras du choix. Voilà une belle fille et un fier garçon qui auraient fait des enfants solides et dont la plus belle jeunesse sera perdue, l'inclination contrariée, la vie brisée. Notez qu'avec tout ça je suppose que notre garçon ne sera ni blessé, ni écloppé, ni tué en se battant contre les Prussiens, les Chinois ou les Cochinchinois. Ah ! tenez, m'sieur Eugène, la conscription est bien le plus lourd des impôts, le plus terrible surtout, et on a bien fait de l'appeler l'impôt du sang. Nos gouvernants sont durs, et les larmes des pères, des mères et des fiancées ne comptent pour rien devant eux.

J'étais vraiment touché de l'affliction du pauvre père Jean-Claude, et je partageais de bon cœur tous ses sentiments.

— Ce qu'il y a de plus étrange, lui dis-je, c'est que le bon sens et la saine politique ne sont pas moins outragés que l'humanité. Toutes les forces vives d'un peuple sont épuisées en pure perte par la permanence d'armées formidables ; l'agriculture souffre ; l'industrie dépérit ; la propriété, la famille sont atteintes dans leurs fondements ; l'égalité, grâce au système immoral, monstrueux, du remplacement, est scandaleusement violée; la liberté est condamnée à un exil perpétuel. C'est sur cette pente rapide que, de chute en chute, les nations tombent dans la ruine, l'impuissance et l'anéantissement. Car, remarquez bien qu'il n'y a pas de frein, pas de limite : nos voisins arment un homme de plus, nous en armons deux, trois, ils en arment quatre. L'un invente un fusil qui tue six hommes à la minute; l'autre en fabrique un qui en tue douze. C'est une lutte, une enchère dont la vie humaine paie les frais. Et vers quel but marche-t-on ainsi? quelle ligne suit-on? quels principes soutient-on? Le soldat de la République française a été envoyé pour détruire la République romaine; le même soldat a été envoyé en Italie pour chasser les Autrichiens, puis encore en Italie pour barrer aux Italiens la porte de Rome et garder le trône et la guillotine du pape; le même soldat a été envoyé en Crimée pour soutenir le Turk et au Pirée pour contenir le Grec, dont la France avait jadis aidé la résurrection; le même soldat a été envoyé au Mexique pour y abattre la République et y installer un empire, et il a dû ensuite quitter le Mexique et laisser crouler cet empire d'un jour, qu'il avait créé avec son sang; le même soldat français a reçu l'ordre de faire feu, le 2 décembre 1851, sur les citoyens français qui défendaient la République, la loi, le droit, et le 2 décembre 1868, à Saint-Denis de la Réunion, sur les colons français inoffensifs et sans armes. Le soldat est entre les mains de son chef, ainsi que le jésuite entre celles de son général, *comme un bâton, comme un cadavre*. On s'en sert comme on veut. La première vertu du soldat, c'est l'obéissance. S'il a le malheur de penser, de douter, de juger, il est perdu. Il faut qu'il se batte indifféremment pour ou contre ceci ou cela. Il a devant lui son père, son frère, son ami; une voix a retenti : En joue, feu!... Il obéit, il faut qu'il obéisse. Est-il coupable, est-il responsable? Non, car il n'est pas libre. Il en est peu, d'ailleurs, qui réfléchissent; la plupart, et cette illusion les console peut-être de leurs maux en même temps qu'elle les innocente, la plupart ont le cerveau pris de gloire, et, à travers la fumée de ce gros vin dont on les a gorgés, ils ne voient dans les étrangers que des ennemis et dans les citoyens que des *pékins*.

— Ils sont citoyens aussi, dit alors le père Jean-Claude : à preuve qu'on les fait voter.

— Voilà un mot un peu méchant, monsieur Jean-Claude. Mais par le temps de candidatures officielles et de discipline militaire qui court, le mot n'est que trop vrai.

— Que faire donc? Il y aura toujours des soldats.

— Que les citoyens soient soldats quand la patrie est attaquée; que, sous un gouvernement vraiment démocratique, sous le gouvernement du peuple par lui-même, chacun s'exerce aux armes et soit en état, au jour du danger, de donner sa vie pour son pays sans pouvoir se faire remplacer devant la mort à prix d'argent; qu'en temps ordinaire des engagements volontaires, et, pendant une longue suite d'années encore, ils ne seront que trop nombreux, — entretiennent les cadres d'une armée, c'est tout ce qu'il faut, jusqu'à ce que la liberté de chaque nation ait amené l'égalité et la fraternité de toutes.

— En attendant, notre pauvre Pierre partira. D'abord, il sera dans l'armée active, puis on lui lâchera un peu la chaîne, avec la faculté pour le gouvernement de la retirer à lui à tout moment, tout à coup, sous le moindre prétexte. C'est là ce qu'ils appellent la réserve. Ce n'est pas encore tout; au sortir de là, la garde mobile l'attend, et enfin la garde nationale. Oh! la jolie existence, et comme ça fait pousser le *turquie* et les pommes de terre!

— Monsieur Jean-Claude, nous somme tombés tous deux d'accord, la dernière fois, que si les choses ne vont pas à notre gré, nous n'avons à nous en prendre qu'à nous, et que nous sommes des esclaves volontaires. Nous trouvons qu'une loi est mauvaise : envoyons à Paris des députés qui en fassent une meilleure. Que les représentants nommés par notre vote souverain aillent tenir les grandes assises de la démocratie, fonder la cité d'une manière définitive et émanciper pour toujours le citoyen. Le suffrage universel est le seul et unique maître, et c'est un maître auquel on ne désobéit point. On ne tardera pas à le voir. Seulement, il faut que l'exercice en soit libre et sincère. C'est le point délicat. A nous d'y veiller.

— Pour ça m'sieur Eugène, nous y tâcherons de notre mieux. Un bulletin de vote , c'est tout de même plus léger dans la main qu'un fusil, et ça ne tue personne. C'est égal, il ne faut pas douter de mon patriotisme, et, si la France était envahie par les Cosaques ou par n'importe qui ou n'importe quoi, je vous jure par tout ce que j'ai de plus sacré que je ne ferais ni une ni deux : tout cassé que je suis, je prendrais un fusil pour moi, et j'en prendrais un autre que je mettrais moi-même dans la main de mon Pierre, et nous marcherions sans peur et sans regret. Je crois que la Jacquéline nous suivrait avec ses vieilles jambes pour nous donner encore plus de courage. Mais ça n'empêche pas que quand on est de sangfroid, que la patrie est bien tranquille et que personne ne lui dit rien, on ne trouve point gai du tout d'envoyer son enfant traîner de caserne en caserne, ou aller chercher querelle aux uns et aux autres qu'il ne connaît point et qui ne le connaissent point davantage, et se faire casser les os. Enfin tout ce que nous dirons n'y changera rien de sitôt. Au revoir, m'sieur Eugène.

— Au revoir, monsieur Jean-Claude. Vous me préviendrez quand votre curé aura fini de jeûner.

— Je n'y manquerai pas, et nous boirons une bonne bouteille de vin jaune ; c'est du 42. Vous m'en direz des nouvelles.

— Je ne sais trop ; vous vous adressez à un profane. En ce qui concerne ces choses sacrées, le curé sera plus compétent que moi. Au revoir !

IV

LIBRE PENSÉE ET LIBRES ACTIONS

IV

Libre pensée et libres actions

—

Je ne pensais plus à ma rencontre projetée avec le curé en question, lorsque, une dizaine de jours plus tard, Jean-Claude, que j'aperçus en passant sur la route, me cria :

— C'est pour mercredi prochain, m'sieur Eugène.

Je lui répondis que je serais exact au rendez-vous Le mercredi suivant, en effet, je descendis à Sellières, et j'étais depuis un instant chez le père Jean-Claude, en train de deviser avec sa femme de la qualité et de la quantité de la vendange quand, sur le coup de midi, Jean-Claude entra avec le curé de la H..... Ce personnage, que je connaissais de vue et de réputation était un homme d'une quarantaine d'années, grand, fort, rubicond, gaillard et mélomane. Il avait séjourné autrefois à Paris, et, à la suite d'un déjeuner de garçons, un de mes amis l'avait entendu chanter, en s'accompagnant au piano, *Ange si pur* et *Plus blanche que la blanche hermine* avec beaucoup de voix et encore plus de passion. Il devait sans doute à la mondanité de ses goûts d'avoir été relégué dans la cure d'un petit village de la Bresse.

On se mit à table. Les premiers moments du repas furent assez silencieux. Puis on commença à parler de choses indifférentes.

Tout à coup, s'adressant à moi, le curé de la H..... me dit :

— A ce que j'ai appris, monsieur, vous êtes revenu depuis peu d'Orient. Vous devez rapporter de bien beaux souvenirs d'un si grand voyage ?

— Des souvenirs plus curieux que beaux, répondis-je.

— Vous avez vu là, dans toute sa nudité, dans toute son horreur, le gouvernement personnel ?

— Hélas ! oui, et cette nudité du despotisme oriental est une qualité, une franchise qui manque au despotisme de notre Occident. L'hypocrisie est le fruit amer et empoisonné de la civilisation. Toutefois, pour être juste, je dois dire que ce fruit a été importé par nous dans les pays sauvages et qu'il commence à y réussir fort bien.

— Il est triste, reprit le curé, de voir des hommes réduits à l'état de troupeau sous un maître qui cumule les fonctions de loup avec celles de chien et de berger.

— C'est surtout triste quand cela arrive à des peuples qui ont su s'élever à un idéal supérieur et à qui des circonstances étranges et complexes ont imposé pour plus ou moins de temps une si honteuse condition.

— Vous avez parfaitement raison, me dit le prêtre. Mais les choses violentes durent peu. Quiconque a frappé de l'épée...

— Vous êtes de l'opposition, à ce que je vois, monsieur, interrompis-je en souriant.

— Je ne m'attribue aucun rôle actif, croyez-le bien; mais, dans le domaine de la spéculation pure, j'observe, je me souviens, je prévois, et il me paraît que le gouvernement actuel de la France suit, malgré des avertissements réitérés, la pente fatale qu'ont descendue ses prédécesseurs, s'isole de plus en plus au-dedans comme au-dehors, et se trouve placé entre les hasards incalculables d'une grande guerre à l'extérieur et les exigences croissantes et légitimes de l'opinion publique à l'intérieur.

— Le clergé, dis-je alors, n'a pas toujours été aussi sévère pour le régime issu du coup d'État du 2 décembre. Mais je sais que vous n'êtes point un prêtre comme tant d'autres, et vous avez une renommée d'intelligence et de droiture qui ne me fait pas douter que vous ne condamniez hautement la double expédition de Rome et le maintien des troupes françaises dans la capitale naturelle de l'Italie.

Je vis là-dessus mon homme très-embarrassé.

— Ceci, dit-il, est une question bien difficile; je crois que le pouvoir temporel est indispensable à notre Saint-Père pour sauvegarder son indépendance dans l'exercice de son pouvoir spirituel ; et, dans des conjonctures comme celles où se trouve la papauté, c'est un devoir sacré pour la France, dont les souverains ont toujours été les fils aînés de l'Eglise...

Il pataugeait à travers sa phrase lourde et banale qu'il ne pouvait achever. Je clignai de l'œil à Jean-Claude pour lui donner à entendre que le *libéralisme* de son curé avait déjà baissé de plusieurs degrés.

Mon interlocuteur changea de conversation, revint

à l'Orient et me demanda si j'avais vu Jérusalem. Je lui répondis que non.

— Comment ! vous êtes resté trois ans en Egypte et vous n'avez pas eu la tentation de visiter la Terre Sainte ?

— Pas plus que celle d'aller à la Mekke ; les mythologies sémitiques du juif, du chrétien et du musulman me sont également indifférentes.

— Pardon ! pardon ! s'écria le curé d'un petit ton aigre-doux ; comme vous y allez, mon cher monsieur ! Enfin, vous avez beau dire, vous êtes chrétien.

— Je ne le suis plus depuis longtemps.

— Permettez-moi de vous dire que cela ne dépend pas de vous. Vous avez été baptisé...

— Ce n'est pas ma faute...

— Et le signe du baptême est ineffaçable.

— Oui, je sais que vous avez la prétention d'établir cette indélébilité. Mais une telle assertion n'est valable que pour ceux qui ont la foi, et je ne l'ai plus. D'ailleurs, je ne saurais vous suivre sur le terrain vague et dans l'atmosphère brumeuse de la théologie. Connaissez-vous ces paroles d'un écrivain du siècle dernier (1) : « Égaré dans une forêt immense, pen-

(1) Diderot.

dant la nuit, je n'ai qu'une petite lumière pour me conduire ; survient un inconnu qui me dit : Mon ami, souffle ta chandelle pour mieux trouver ton chemin. Cet inconnu est un théologien. » Laissons donc la théologie et ne sortons pas du sens commun.

Le prêtre se mordit les lèvres et me dit alors en s'efforçant de donner à sa voix une inflexion conciliante :

— Je sais que l'homme a besoin d'indulgence et je suis extrêmement tolérant. Il faut, à notre époque, prendre le monde et la vie tels qu'ils sont et faire large la part du feu. Mais, quels qu'aient été les écarts de votre jugement dans votre jeunesse ou dans votre âge mûr, la vieillesse vous ramènera à d'autres sentiments, à ceux dans lesquels fut élevée votre enfance, et vous voudrez mourir dans le sein de l'Eglise catholique, apostolique et romaine.

— Ce n'est nullement mon intention, et, si je conserve jusqu'à ma dernière heure la maîtrise de moi-même, j'entends n'appeler les prières d'aucun culte ni près de mon lit d'agonie, ni sur mon cadavre.

— Mais enfin...

— Mais enfin, monsieur, interrompis-je avec une certaine animation, puisque vous avez touché cette question, qui est capitale, je vous dirai toute ma pensée. Sur tous ceux qui approchent des sacrements, qui demandent au clergé la consécration de leur mariage, le baptême pour leurs enfants, la messe des morts pour eux-mêmes ou pour les leurs, combien y en a-t-il de vraiment convaincus, de sincèrement chrétiens ?

— Il appartient à Dieu seul de sonder les reins et les cœurs !

— Épargnez-moi vos formules et causons comme des hommes. Croyez-vous que vous eussiez baptisé le fils de mon ami D... si le père n'avait été en Amérique et n'eût été contraint de laisser sa jeune femme seule dans votre village en butte aux commérages, en proie aux coups de langue de tout un état-major de vieilles dévotes et des Tartuffes en sabots de la localité ?

— Je n'ai point à entrer dans de pareilles considérations. On me présente un enfant...

— Sans doute, vous faites votre métier et il semble qu'il n'y ait rien à redire à cela. Cependant, écoutez : il y a une foule énorme de gens, et vous le savez bien, qui se piquent d'être des esprits forts et se moquent de ce qu'ils appellent les mômeries des prêtres. Voltaire et Rousseau, que la plupart n'ont jamais lus ou compris, sont leurs oracles. Ils bénissent les législateurs de 89 qui ont restitué à la fortune publique les biens du clergé et aiment à prédire la chute de tout gouvernement qui laisse trop d'influence à l'Eglise. Mais quand ces individus se sont mariés, ils n'ont pas manqué d'aller raconter à un *homme noir*, comme ils disent, leurs gros, moyens et petits péchés de jeunesse, ou, du moins, ils se sont procuré, n'importe comment, un billet de confession. Leur femme leur a donné des enfants, et ils se sont empressés de chercher un parrain et une marraine et de mettre dix francs dans une boîte de dragées pour le curé de la paroisse, afin qu'il déposât sur la langue d'un être innocent les grains de sel du baptême. Vers les douze ans, l'esprit des malheureux enfants est mis au régime débilitant du catéchisme, et un beau jour du mois de mai on les pare pour la circonstance et ils font leur première communion. Le soir, à table, les parents se félicitent de ce que cette *corvée* est achevée et sont charmés de songer que leurs enfants n'auront plus de temps à perdre. A l'heure de la mort, enfin, nos indépendants enverront quérir un prêtre avec ses huiles et prendront piteusement leur passe-port pour le Paradis. S'agit-il de conviction pour la masse mouton nière de ces bourgeois de Panurge? Encore une fois, c'est pour eux affaire d'usage et d'habitude. Leurs pères ont fait ainsi; leurs fils feront de même. Ils agissent de la sorte, disent-ils, pour le monde. Ils seraient franchement et complétement incrédules s'ils ne pensaient pas devoir faire comme les autres. Et ils sont eux-mêmes *les autres* pour leurs voisins qui tiennent le même langage. Ainsi, par un accord tacite dont ils ne se rendent pas compte, ils se fournissent les uns aux autres une dose égale de respect humain et s'étayent mutuellement dans leur lâcheté réciproque. Voilà les recrues auxquelles vous tenez et dont vous êtes fier? Il n'y a pas de quoi.

— Mais...

— J'estime un homme qui, imbu d'une foi naïve et sincère, met d'accord ses actes avec sa foi et pratique les commandements du Dieu et de l'Eglise auxquels il croit. Je ne partage point son opinion, je la déplore même et je la combats, mais je la respecte, comme toute conviction. Pourquoi donc, de votre côté, n'estimez-vous pas l'incrédule qui a la franchise et le courage de son incrédulité; qui met, lui aussi, ses actes en harmonie avec ses paroles; qui joint, en un mot, la libre action à la libre pensée. Quand j'irais, sans ombre de foi et en me gaussant de vous, m'agenouiller à votre sainte table, ne serais-je pas, à votre point de vue, anathème et sacrilége? Et quelle belle conquête auriez-vous faite et qu'y gagnerait votre Eglise?

— Il y aurait le scandale en moins.

— Et l'hypocrisie, ou plutôt la lâcheté en plus, qui ne sont pas de moindres scandales que celui dont vous avez peur. Ceux qui, par simple respect humain et pour sacrifier aux préjugés, participent à un culte dont ils font des gorges chaudes, pensent prêter à l'Église un appui insignifiant; qu'ils se détrompent. Elle tire de là une grande force et elle triomphe hautement de cette perpétuité de tristes victoires. «Voyez! s'écrie-t-elle, mes ennemis eux-mêmes viennent à moi, subjugués par mon ascendant irrésistible. Ils n'oseraient naître, se marier ou mourir sans moi. Du berceau à la tombe, l'homme m'appartient! » Et son influence s'accroît de la couardise des masses, et sa sacoche se gonfle de leurs écus.

Il se fit un moment de silence. Le curé était mal à l'aise. Jean-Claude méditait. Quant à sa femme, elle se retira en grommelant; j'avais offensé la pudeur religieuse de la pauvre âme!

J'étais décidé à aller jusqu'au bout sans rien ménager ; je repris :

— Vous êtes, monsieur, ce qu'on appelle vulgairement un *bon prêtre*. J'aime mieux les mauvais : ils sont moins dangereux et l'on sait tout de suite à quoi s'en tenir avec eux. Vous laissez les villageois danser, vous êtes coulant sur les abstinences et vous diriez volontiers, vous aussi, un jour de jeûne: « Mangez un veau et soyez chrétien ! » Vous vous dites, ou plutôt je ne veux pas accuser votre bonne foi, vous vous croyez libéral. On vous accepte pour tel, et l'on en vient à regarder comme possibles l'alliance d'une certaine dose de raison avec la religion et la conciliation du christianisme avec la liberté. Je vous répète que c'est très-dangereux, parce que c'est complétement faux et mensonger; je vous répète...

— Beaucoup de révolutionnaires qui vous valaient bien, interrompit le curé de La H...., ont pourtant admis que Notre-Seigneur Jésus-Christ et son saint Evangile ont apporté la liberté dans le monde.

— Beaucoup de ces révolutionnaires, dont vous parlez et que je n'ai pas la prétentiou de valoir, se sont amèrement repentis d'avoir donné dans de pareilles billevesées, et les derniers qui s'y sont laissé prendre, en 1848, en ont été punis d'une manière cruelle, bien propre à préserver leur successeurs de commettre la même faute. Mais laissons le Nazaréen et les livres plus ou moins apocryphes auxquels vous faites allusion. Ce sont des questions d'exégèse qui, au fond, importent peu et dont je n'ai point à me préoccuper ici. Le moyen âge, qui a été le triomphe de l'Eglise, a été celui du despotisme, de l'ignorance, de la débauche et du crime. Depuis trois à quatre siècles que les ténèbres commencent à reculer devant la lumière, c'est toujours du côté des ténèbres que s'est trouvée l'Eglise, c'est toujours la nuit qu'elle a défendue contre le jour, c'est toujours la force qu'elle a encensée de préférence au droit, rendant, jusque sous nos yeux, à César ce qui est à César, c'est-à-dire chantant *Hosannah* pour les faits accomplis et psalmodiant des *Te Deum* sur les ruines de la liberté, bénissant les massacres et les massacreurs, et faisant tomber des têtes sur l'échafaud pontifical pour la plus grande gloire du pouvoir temporel du pape. Voilà la plaie sociale que l'Etat, fondé, dit-on, sur des principes de liberté et d'égalité, entretient des deniers du contribuable, qu'il soit catholique, hérétique ou libre penseur.

— Monsieur est partisan de la suppression du budget des cultes ?

— Vous n'en pouvez douter. C'est une des conséquences de la liberté vraie et entière. Vous qui prétendez ne pas dépendre de l'Etat, comment acceptez-vous son aumône ?

— Qu'on remette les choses dans la situation où elles étaient avant la Révolution.

— Si l'on continue à laisser faire les congrégations, elles auront bientôt, malgré les lois, rétabli cette situation, et vous recevrez tout de même les millions du gouvernement parce que, pour Basile, ce qui est bon à prendre est bon à garder. Vous savez le latin, monsieur : *Omnia serviliter, pro dominatione ;* c'est la devise de tous les clergés. Cela veut dire, monsieur Jean-Claude, qu'aucun acte de servilité ne coûte à ceux qui veulent dominer. Adieu, monsieur. Vous n'êtes pas habitué à ce qu'on vous parle aussi franchement, aussi crûment. Mais s'il y a en vous un homme sous le prêtre, il me comprendra et me rendra peut-être justice. C'est l'affaire de votre conscience et non de la miennne.

Puis, me tournant vers Jean-Claude :

— Eh bien ! votre femme s'en est allée. Mes théories et ma pratique l'auront un tant soit peu effarouchée. Ah ! mon ami, c'est là qu'est la source de tout le mal. Faites l'éducation des femmes. Je vous prêterai un livre déjà ancien, mais toujours excellent: *Du Prêtre, de la Femme et de la Famille*, par Michelet, et nous en recauserons. Au revoir.

— Sans adieu, m'sieur Eugène.

V

L'ÉDUCATION DES FEMMES.

V

L'Education des femmes

—

Le père Jean-Claude avait pris goût à nos conversations philosophiques, politiques, sociales, comme on voudra les appeler ; et, quand nous étions trop longtemps sans nous rencontrer sur la route, sur la place ou aux champs, il montait à la Magnanerie et venait me relancer au milieu de mes rêveries ou parmi mes bouquins.

Un jour, je le vis entrer avec un air tout préoccupé et paraissant rechercher la solution d'un problème des plus difficiles.

— Qu'y a-t-il donc, monsieur Jean-Claude? lui demandai-je.

— Pardi ! me fit-il, vous savez bien que, vu le décès du père Noirot, la commune a un conseiller municipal à élire, et je suis hésitant entre Pierre Thévenin et le gros Philogone Girod. Donnez-moi donc votre avis. Vrai, je nommerai celui que vous me direz.

— Monsieur Jean-Claude, vous n'êtes point de ceux qu'on fait voter comme des marionnettes, et vous êtes de force à bien exercer votre droit tout seul. Votez sur les principes et non sur les hommes.

— Encore faut-il des hommes qui représentent les principes.

— Rien de plus juste. Quelle est l'affaire capitale de la commune en ce moment ?

— Dame ! c'est la question des sœurs. Il y en a qui veulent une institutrice laïque, et ne veulent plus de sœurs ; il y en a qui n'en démordent point et prétendent conserver les béguines.

— Et vous ? Que voulez-vous ?

— Ma foi, m'sieur Eugène, vous pensez bien que je ne suis pas pour les béguines ; et, si ce n'était la Jacqueline...

— Votre femme ? Je m'en doute bien. Ne vous disais-je pas la dernière fois que la source de tout le mal est dans l'ignorance et la superstition des femmes?

— C'est bien vrai ; mais comment faire?

— Les élever autrement qu'elles ne l'ont été jusqu'ici.

— Et pour cela?...

— Pour cela? Ne pas s'adresser aux religieuses, à des femmes qui ne sont ni épouses ni mères, à des femmes qui, par une inégalité choquante, par une injustice scandaleuse, peuvent enseigner la jeunesse en vertu d'une *lettre d'obédience*, d'un simple certificat signé de la supérieure d'un couvent et constatant seulement qu'elles ont passé dans le couvent un certain laps de temps, pendant que les institutrices laïques sont astreintes à subir des examens et à mériter des diplômes.

— Le fait est, dit Jean-Claude, qu'une pareille faveur accordée à ces béguines révolte le bon sens.

— Pour en revenir à votre élection, si vous hésitez entre Pierre Thévenin et Philogone Girod, sachez lequel des deux est opposé au maintien de l'école des sœurs, et, laissant alors toute hésitation, votez pour celui-là.

— Oui; mais la Jacqueline, à cause de sa petite

nièce Andrée qui est chez nous et qui tient tant à sœur Monique......

Nous fûmes interrompus par l'arrivée de Gaston M..., du village de Thoulouse, jeune homme aimable et bon, excellent musicien, avec qui je passe souvent de longues heures, qui nous paraissent bien courtes, à lire les partitions des maîtres et à traiter mille questions d'art. Il est d'un esprit qu'on peut appeler libéral, avec des habitudes plutôt que des opinions catholiques , facile à éclairer et à convaincre parce qu'il est intelligent et droit. Il est marié depuis quelques années et père d'une charmante petite fille.

Après que nous eûmes échangé les salutations et les compliments d'usage :

— Mon cher, lui dis-je, vous arrivez bien. M. Jean-Claude et moi, nous sommes en train de nous lancer dans une discussion à perte de vue sur la grande question de l'éducation des femmes. Voulez-vous y faire votre partie ?

— J'y serai certainement moins habile, dit Gaston, que dans un quatuor de Beethoven.

— Ne faites pas le modeste; ce n'est, après tout, qu'une affaire de bon sens, et vous êtes riche de cette monnaie rare. En vérité , ajoutai-je, pendant que, sur toute la surface de l'Europe, les gouvernements, saisis de vertige, se hâtent à l'envi d'accroître leurs moyens de s'entre-détruire et luttent à grands frais à qui sera le plus formidable, à qui inventera les plus terribles engins, à qui tuera le plus de monde possible dans le plus court espace de temps possible, fièvre étrange, concours impie dont les nations paieront, en fin de compte, la folle enchère, en vérité, je trouve qu'il est bon de s'élever dans des régions sereines au-dessus des misères, des petitesses et des erreurs de l'heure présente, et de laisser la triste complicité des politiques et des militaires multiplier les bataillons de la guerre, pour s'appliquer à rechercher comment on formera les phalanges de la paix.

— La paix, dit Gaston, est assurément l'état normal d'une société bien constituée, et les efforts de tous doivent tendre à le maintenir et à rendre le retour de la guerre d'abord de moins en moins fréquent, puis tout à fait impossible.

— Nous ne pouvons pas être mieux d'accord, répondis-je. La pierre angulaire de l'édifice, vous en conviendrez de même avec moi, c'est la famille; et la famille ne subsiste que par la bonne éducation des enfants. Mais qui élève les enfants, au moins dans les premières années? La femme. Et la femme, comment est-elle élevée elle-même? Voilà le premier degré de la question : l'éducation des femmes, l'éducation des filles. Voilà le point initial du problème.

— Ce n'est pas d'aujourd'hui qu'on l'agite, dit Gaston. Fénelon n'a-t-il pas écrit le traité de l'*Education des filles?*

— Certainement, repris-je; vous n'avez qu'à allonger le bras; vous le trouverez sur ce rayon.

Gaston prit en effet le volume et se mit à lire le début de l'ouvrage.

— Fénelon, dis-je, quand il eut cessé de lire, est un de ceux que j'appelle les écrivains révolutionnaires du XVIIe siècle. Ses propositions, si simples pour vous et moi, devaient paraître bien hardies pour le temps où il les énonçait, puisque, près de deux siècles plus tard, elles demeurent actuelles et forment encore le *desideratum* de notre époque. Il est bien évident que, si l'on poursuit la lecture du livre de Fénelon, on y rencontrera des choses qui feront sourire, qu'on s'y heurtera à plus d'une erreur; que, sur bien des points, on divergera totalement d'opinion avec lui. Mais je ne crois pas qu'il y ait beaucoup à changer aux idées générales qui sont si bien exprimées au début de l'ouvrage. Aujourd'hui encore, tout, ou presque tout, reste à faire dans la question de l'éducation des filles, et les préjugés les plus déplorables n'ont cessé de l'obscurcir. De ceux qui l'ont voulu résoudre, les uns sont demeurés en deçà de la juste limite, les autres, en plus petit nombre, se sont laissé emporter beaucoup au delà. Où est la vérité, et qui la trouvera?

— N'êtes-vous point d'avis, se hasarda à demander Gaston, qu'un pas vient d'être fait, qu'un essai vient d'être tenté dans cette voie par l'institution des cours secondaires pour les jeunes filles?

— Un pas fort timide, un essai fort incomplet, repris-je. De l'arbre de la science, déjà bien émondé, bien échenillé, et proprement façonné, dont on a fait l'abri officiel de l'homme, on a cassé çà et là quelques branches et on les a mises dans la main de professeurs convenables qu'on a chargés de les présenter le plus décemment possible aux jeunes demoiselles. En vérité, c'est peu de chose. Mais enfin, c'est quelque chose, je le veux bien; admettons cela provisoirement, pour point de départ. Les adversaires les plus à craindre pour cette entreprise imparfaite et boîteuse ne sont pas ceux qui pensent qu'on n'a point fait assez, mais ceux qui trouvent qu'on a fait trop et qu'il n'y avait rien à faire du tout. C'est le clergé et ses adhérents.

— Vous avez l'air, dit Gaston en souriant, de vous adresser à moi, avec votre mot d'*adhérents !...*

— Ils sont conséquents, continuai-je, sans m'arrêter à l'interruption, et il n'y a pas à s'étonner des fureurs sacrées et des anathèmes épiscopaux.

— Mais enfin, insista Gaston un peu plus sérieux, vous ne me reprochez pas de ces fureurs et vous ne me croyez pas capable d'approuver ces anathèmes ?

— Assurément non ; mais ce qui me paraît digne d'admiration, c'est que d'excellents esprits comme le vôtre et celui de beaucoup d'autres, se soient laissé abuser par de vains semblants au point d'attribuer au christianisme l'honneur d'avoir aboli l'esclavage dans le monde et d'avoir émancipé la femme. Mettons de côté la question de l'esclavage dont nous n'avons pas à nous occuper aujourd'hui, et bornons-nous à celle de la femme. On ne saurait nier que le Nazaréen, dans son système, ou, du moins, dans ce qui nous est donné pour tel, n'ait eu principalement en vue les faibles, les affligés, les ignorants, les enfants et les femmes, comme les plus faciles à persuader. Bien que, pour les nécessités de son rôle sans doute, et peut-être par une grande hardiesse de métaphores, il eût parfois rudoyé et renié sa mère, et que ses prédications subversives fussent peu favorables à l'esprit de tolérance, de paix et de famille, il essaya de réagir contre la manie du divorce dont l'Orient a donné de tout temps et donne aujourd'hui encore le scandaleux spectacle ; et, dans son absolution de la femme adultère, qu'il avait intérêt peut-être à prononcer, lui qu'on accusait publiquement d'être né de la fornication, il a cherché à opposer l'une à l'autre comme également coupables l'infidélité de l'époux et celle de l'épouse. Voilà tout. Si vous doutez de ce que j'avance, lisez les Evangiles canoniques et apocryphes, lisez Irénée, lisez Celse, etc. Mais, quelles qu'aient été les intentions du Nazaréen, il faut prendre sa doctrine telle que le temps l'a faite et telle qu'elle est ; et, comme j'ai eu occasion de le dire et de l'écrire, son œuvre a été tellement dénaturée, transformée, noyée dans un océan d'éléments divers, le christianisme est tellement postérieur au Christ, qu'en somme, dans le long travail des siècles, c'est la plus petite part de collaboration qui demeure au fondateur. Le christianisme des apôtres et des Pères n'a point épargné le mépris, l'injure et la malédiction à la femme. Le juif Saul, devenu l'apôtre Paul, les deux Carthaginois Tertullien et Cyprien, le Pannonien Jérôme, les saints, les évêques, toute l'Eglise considère le commerce charnel de l'homme avec la femme comme une souillure pour lui, exalte la virginité aux dépens du mariage, loue le veuvage et la stérilité, et conduirait le monde, s'il la suivait, à un prompt anéantissement. C'est une insurrection permanente contre la nature. Aux trinités fécondes des religions antiques, composées du père, de la mère et de l'enfant, types sacrés de la famille, le dogmatisme chrétien a substitué sa trinité idéale, froide, improductive, d'où il a chassé la femme pour ne lui donner qu'une place équivoque dans une *sainte famille* putative. La femme, prêtresse et sibylle partout ailleurs, est rejetée par l'Eglise chrétienne hors des limites du sanctuaire. On la maintient dans sa faiblesse et dans son ignorance pour abuser plus sûrement de sa sensibilité, pour la dominer souverainement et dominer par elle le monde, sur lequel, en dépit de tout, elle exerce, de par la nature, une influence, bonne ou mauvaise, selon la direction qui lui est imprimée, mais considérable et incessante. Le clergé et ses adhérents se montrent donc fidèles à la tradition chrétienne et demeurent dans la logique de leur état en s'opposant avec violence à toute émancipation intellectuelle et morale de la femme, et, encore une fois, il n'y a rien là qui doive surprendre. Tenez, dis-je à Jean-Claude, en me tournant vers lui, voici le livre de Michelet dont je vous parlais l'autre jour. Ecoutez ce passage :

« L'homme doit nourrir la femme. — Il doit alimenter spirituellement et matériellement, s'il le peut, celle qui le nourrit de son amour, de son lait et de son sang.

» Nos adversaires donnent aux femmes un mauvais aliment, et nous ne leur donnons aucun aliment.

» Aux femmes des classes aisées, à celles qui semblent doucement abritées par la famille, aux brillantes, aux heureuses, comme on croit, nous ne donnons point l'aliment spirituel.

» Et les femmes pauvres, isolées, les laborieuses et malheureuses, qui tâchent de gagner leur pain, nous ne les aidons pas à trouver l'aliment matériel.

» Ces femmes, qui sont ou seront des mères, nous les laissons jeûner (de l'âme ou du corps), et nous sommes punis, surtout par la génération qui en vient, de notre négligence à leur donner les soutiens de la vie... »

— C'est tout de même bien vrai ! s'écria Jean-Claude.

— Oui, dit Gaston ; voilà des paroles pleines de sens et de cœur.

— Mais, repris-je, si la tradition chrétienne ne nous fournit pas les bases d'une bonne éducation des filles ; si elle n'est pas le point de départ de la voie qui conduit à l'amélioration du sort des femmes ; si elle ne peut, dans toute la suite de son développement, leur donner le rang qu'elles doivent occuper dans la société; où s'adresser pour trouver ce que nous cherchons? Les annales de l'humanité ne nous offrent-elles point d'époque et de contrée où le rôle de la femme dans le monde ait été compris ou, au moins, soupçonné, et où la justice qui est due à la moitié de notre espèce ait reçu un commencement d'exécution? En nous enfonçant dans la nuit des temps, n'apercevrons-nous pas une lueur pour nous guider, ne rencontrerons-nous pas une étincelle pour allumer notre flambeau? Il nous faut remonter bien haut ; il faut nous adresser aux Aryas de l'Inde primitive, au Rig-Véda, aux hymnes sacrés du mariage où la femme choisit son mari. Et ici, je vous renvoie à la *Bible de l'Humanité*, un autre beau livre de M. Michelet, plus récent, et que je ne puis vous lire en ce moment.

— Vous oubliez, objecta Gaston, la femme forte de la Bible hébraïque.

— Le portrait de la femme forte qu'on trouve au dernier chapitre du livre des Proverbes, et que Bossuet et Fénelon ont amplifié et paraphrasé, n'est certainement pas une conception juive. Le génie sémitique ne saurait s'élever si haut, et c'est lui qui a créé la femme impure dont le contact est pour l'homme une souillure et un péché, la femme ignorante et oisive qui s'avachit dans le harim. Chez les Aryas Perses, comme chez les Aryas Védiques, la femme occupe une place digne. Bien plus tard, dans le Shah-Nameh de Firdousi on retrouve de sublimes héroïnes, types ressuscités de l'antique Airyanem-Vaëgo, qui sont de véritables femmes fortes. Venons en Grèce. Quelles plus belles légendes que celles d'Alceste, d'Eurydice, d'Antigone? Nausicaa, Arété et a grande et sainte Pénélope ne sont-elles pas des modèles éternels? Que si nous montons dans l'Olympe, nous y verrons divinisées la maternité dans Déméter, la majesté dans Héra, la chasteté dans Artémis, la beauté dans Aphrodite, la poésie, la musique, la science dans les Muses, la sagesse dans la Vierge hellénique, la déesse du Parthénon, Pallas-Athéné. Que dire des femmes germaines, de la haute opinion qu'elles donnaient d'elles, de la vénération qu'elles inspiraient, de l'influence qu'elles exerçaient? « Les Germains pensent, dit Tacite, qu'il y a dans les femmes quelque chose de sacré et de providentiel, et ni ils ne méprisent leurs conseils, ni ils ne négligent leurs réponses. » La part des femmes est belle encore dans les Eddas et dans l'épopée des Niebelungen. Quelle est donc cette tradition que nous suivons ainsi à travers les siècles dans l'Inde védique, dans la Perse mazdéenne, dans la Grèce héroïque, chez les Scandinaves, les Gaulois et les Germains? C'est la tradition de la race, de la grande et noble race ariane, que malheureusement le sang et les doctrines sémitiques vinrent de bonne heure corrompre et dénaturer, et dont le développement fut par là même arrêté ou détourné. Dès le début de la Bible sémitique, la femme est maudite ; maudite est en elle et à cause d'elle toute l'humanité, et la rédemption du second Testament ne suffit pas à faire révoquer cette malédiction. Toutes les législations modernes, fondées sur le mythe judæo-chrétien, consacrent, en ertu de ce fondement, l'infériorité de la femme, et ui dénient la liberté, le consentement, l'initiative, et, en quelque sorte, la personnalité. Cette injustice doit un jour cesser. Il faut chasser d'entre nous l'étranger, le sémitisme, et revenir à notre race, revenir à la nature. Le cri de la nature, c'est l'égalité. Mais qui dit égal ne dit point semblable. Là est tout le secret de la question. On a dit fort justement (1) : « Il ne s'agit pas de faire de la femme un homme, mais de compléter l'homme par la femme. » Ajoutons : Et la femme par l'homme. Disons comme les Védas, qu'il n'y a de complet que l'homme-femme-enfant. Considérons l'humanité comme formée de deux moitiés égales et diverses que l'on doit tendre de plus en plus à placer dans un équilibre parfait. Cette pensée sera la base d'une éducation saine et féconde en beaux résultats. Généralement la femme a plus de sensibilité et moins de raison ; l'homme, plus de raison et moins de sensibilité. On doit assurément tenir le plus grand compte de cet état de choses, parler à chacun sa langue; mettre, si je puis m'exprimer ainsi, la lorgnette au point pour la vue de chacun. Mais je demanderai encore quelque chose de plus. La vie

(1) M. Ernest Legouvé.

complète de l'homme se compose de trois choses : une femme à aimer, un enfant à élever, une œuvre à faire. A quelque échelon de la société qu'il soit placé, l'homme doit accomplir une œuvre qui donne, si humble qu'elle soit, sa raison d'être à son individualité. Cette œuvre, politique ou philosophique, épopée, tableau ou symphonie, science, art ou métier, travail de la tête ou du bras, je le défie de la mener à bonne fin, si la femme ne s'y associe de cœur, d'intention, d'inspiration, si elle ne la comprend à sa manière, si elle n'est pas là pour encourager, soutenir, exciter, féliciter ou consoler, selon la fortune, le travailleur, pour prendre aussi sa part de cette lutte et de cet enfantement. La nature, la vérité, pénétrant, pour ainsi dire, de force dans l'esprit qui lui est le plus rebelle, a contraint le Sémite lui-même de prononcer dans ses Écritures cet anathème : *Vœ soli !* Il n'est pas bon que l'homme soit seul. Non, cela n'est pas bon. Et pourtant, dans l'union des sexes telle qu'elle existe généralement, avec la femme telle que l'a fait l'éducation qu'on lui donne, si le corps a un compagnon, l'esprit, pour la plupart du temps, est seul. C'est là l'écueil le plus redoutable dans le mariage et la source la plus abondante des adultères.

La satisfaction des sens est beaucoup sans doute ; mais elle s'épuise vite ; et, quand même elle n'est pas épuisée, elle ne remplit pas l'existence. Vous aurez beau assortir les âges, les figures, les positions, si vous n'avez pas assorti les esprits, tout est perdu. La pensée de l'homme, ne trouvant pas d'écho dans le mariage, en cherchera ailleurs : la femme, ennuyée de la supériorité de son mari, sera accessible aux séductions les plus grossières. Vous aurez accouplé, supplice horrible ! un vivant avec un cadavre. Relevez donc la femme par une éducation sérieuse, appropriée à sa nature, et qui, en même temps, la rende digne de l'homme, et vous verrez l'harmonie remplacer le désordre, la moralité et la prospérité publiques naître de la paix et du bonheur de chaque famille. Aujourd'hui, et c'est de là surtou que vient le grand divorce des deux sexes, l'éducation même qu'on donne à la jeune fille, incomplète, frivole, insignifiante, est encore dirigée de façon à la rendre étrangère à son père, à son frère, à la faire par avance l'ennemie du mari qu'elle aura. Cela s'exécute souvent, il faut bien l'avouer, du consentement du père et du frère, et à la grande joie du mari. Que ceux-là soient punis par où ils ont péché, rien de mieux. Mais pour les autres, qui ne l'ont pas mérité, la famille, le ménage devient abusivement une arène de combats quotidiens où la femme est soutenue par des secours du dehors, où l'homme est presque toujours vaincu, et où d'ailleurs la victoire n'est pas moins désastreuse que la défaite. Le point de départ de l'éducation des hommes et de celle des femmes est le même, et il est également mauvais pour les uns et pour les autres. C'est en vain que la géologie et la critique historique se sont développées, que l'ethnologie est née, que la science, en un mot, a fait sous nos yeux des pas de géant. L'enseignement officiel en est toujours resté aux données fantastiques de la Genèse israélite, au plan providentiel du *Discours sur l'histoire universelle*. Assurément les découvertes de la science moderne ne sont pas encore établies assez solidement pour qu'on puisse les mettre toutes à profit dans un système d'éducation, et la dispute n'est point faite pour l'enfance. Mais il y en a un très-grand nombre qui ont acquis la force de la certitude, et dont on ne tient nul compte. Notre temps demande autre chose que des livres *ad usum Delphini*. Le dauphin de France aujourd'hui, c'est le fils du peuple souverain, la jeunesse française tout entière, qui demain à son tour sera le souverain. Il faut à son esprit une nourriture forte et saine qui le fasse croître chaque jour en science et en sagesse. Après un certain temps, les hommes arrivent à se dégager des langes de leur enfance, les uns par l'effet du bon sens et de la simple réflexion, les autres par suite d'études sérieuses et approfondies, le plus grand nombre par un instinct de libertinage ou d'indifférence. Mais les femmes, chez qui rien ne fait ordinairement contre-poids aux notions fondamentales qu'on leur a inculquées, y restent le plus souvent fidèles. Le prêtre, soit de près, soit de loin, exploite au profit de sa cause leur sensibilité et leur imagination; sur la plupart, le souvenir de la première éducation exerce un prolongement d'influence qui suffit à les défendre contre les assauts légitimes et salutaires de la raison. Alors les époux ne se comprennent point. L'homme de libre pensée et de libre action se sent arrêté à chaque pas par sa mère, par sa sœur, par sa femme, par sa fille; et, s'il avance, ce n'est qu'à travers les déchirements les plus cruels. La femme a vécu jusqu'ici dans le monde de la grâce et du bon plaisir. Il faut la faire entrer dans celui de la justice et du droit. Quand elle y vivra, égale et non semblable à l'homme, quand l'homme, la femme et l'enfant formeront, non pas un unisson plat et infécond ou une dissonance funeste et désastreuse, mais un accord parfait et harmonique, l'humanité sera constituée pour être heureuse, le despotisme aura pour jamais disparu, et l'ère des révolutions violentes sera définitivement fermée. Dans l'état actuel des choses, des réformes aussi radicales ne sont ni à craindre pour nos adversaires ni à espérer pour nous. Pourquoi donc tant de colères bouillonnent-elles dans le sein de l'Eglise catholique, apostolique et romaine, à propos d'une tentative dans laquelle nous trouvons, nous, tant d'insuffisance? C'est que le clergé et ses adhérents ont sans cesse en vue la célèbre maxime : *Sint ut sunt aut non sint.* « Qu'ils soient ainsi ou qu'ils ne soient point. » Et ils ont raison dans leur logique inflexible ; cette inflexibilité a toujours fait leur force, et la faiblesse relative de leurs ennemis n'est venue que d'un esprit généreux mais chimérique de conciliation. Pour moi, j'accepte la formule, et je crois que nous devons consacrer toute notre énergie à faire passer dans la réalité de l'avenir le second terme de cette rigoureuse alternative. Je ne veux d'autre arme pour cette lutte et pour cette victoire que la liberté entière, absolue et sincère laissée à tous et à chacun.

Je vous demande pardon, monsieur Jean-Claude, et à vous aussi, mon cher Gaston, d'avoir parlé aussi longtemps. Je crois que je suis un peu monté à la tribune et que j'ai presque fait un discours. Encore une fois excusez-moi. Je me suis laissé emporter. Je vous promets de ne plus recommencer.

— Si, à cause de Monsieur que voilà, dit le père Jean-Claude en montrant Gaston M., vous avez employé quelques paroles un peu trop recherchées pour moi, je vous ai tout de même bien compris, et rien de ce qui est du fond de la chose ne m'a échappé. Je vous remercie bien, m'sieur Eugène; et, ma foi ! la Jacqueline dira ce qu'elle voudra, je voterai pour Pierre Thévenin qui ne veut pas des béguines.

VI

TYRANNIE ET SUFFRAGE UNIVERSEL.

VI

Tyrannie et Suffrage universel

—

A quelque temps de là, il mourut dans le bourg un personnage important, à savoir, Alexandre-César-Charlemagne-Napoléon Lautruche, qu'on appelait communément et par une vieille habitude le beau Lautruche. Il avait compté, en effet, dans sa première jeunesse, au nombre des beaux de Besançon et de Lons-le-Saulnier, et, vers 1833, il avait un instant fait florès parmi les *dandies* du boulevard des Italiens, à Paris. Le jeu avait toujours été sa passion dominante, et les malheurs qu'il y avait presque constamment éprouvés en France et en Allemagne l'avaient contraint de bonne heure à venir présider la fashion d'un chef-lieu de canton et à s'y contenter de émotions départementales de quelques parties de piuet et d'écarté, qui toutefois se prolongeaient ordinairement assez avant dans la nuit. Je ne connaissais guère que de vue le beau Lautruche, dont la valeur ntellectuelle avait été, je crois, à peu près nulle, et qui n'avait eu de grand en lui que la prétention de ses quatre terribles petits noms et la courbure aquiline de son long nez. Mais comme il avait été lié jadis avec quelques-uns des membres de ma famille, je dus me rendre à son enterrement, et je rencontrai là Gaston M... ; le percepteur M. Patrice Lucot, homme assez instruit, mari bon enfant d'une femme précieuse et coquette; M. Guillaumin; Pierre Thévenin et Philogone Girod, les deux candidats rivaux pour le conseil municipal; enfin toutes les notabilités de la ville et des communes environnantes, y compris mon vieil ami Jean-Claude.

Il faisait une belle et douce journée. Nous revînmes du cimetière, qui est situé loin de Sellières, bien au delà des Baraques, par groupes, à petits pas, et en défilant chacun notre chapelet de banalités à propos du défunt.

Dans le chassé-croisé du dialogue, quelqu'un, je

crois que ce fut Gaston M..., rappela que le beau Lautruche avait autrefois séjourné assez longtemps en Espagne.

A ce mot d'Espagne, la conversation fit un brusque détour, parce que M. Patrice Lucot s'écria tout à coup :

— L'Espagne ! un beau pays, bien malheureux, et depuis tant de siècles ! Se relèvera-t-il jamais ?

— Il n'en faut point désespérer, lui répondis-je. La révolution de Septembre est une résurrection qui n'était guère attendue et qui doit faire bien augurer de l'avenir.

— Mon cher, dit alors Gaston M..., j'ai la conviction intime que la République est le plus beau des gouvernements, le plus rationnel, le plus pur ; mais l'Espagne n'est pas mûre pour le pratiquer. Là, comme dans bien d'autres pays, c'est le gouvernement d'un avenir encore très-éloigné, et non celui du présent.

— Permettez-moi de vous dire, aussi bien pour l'Espagne que pour *bien d'autres pays*, que vous êtes comme ce barbier tant de fois cité qui avait écrit sur son enseigne : « Ici on rase gratis demain ! » Que penseriez-vous d'un individu qui s'arrêterait devant une eau limpide et s'écrierait : « Oh ! la belle eau !

Comme elle est tiède et parfumée! Comme il ferait bon s'y baigner!... Mais je n'y mettrai le pied que quand je saurai nager. » Jetez-vous donc, peuples, jetez-vous avec confiance dans l'océan de la démocratie; c'est uniquement là que vous apprendrez à nager, et non point en restant immobiles et poltrons sur le rivage. Ce qu'il y a de certain, c'est que la République de plus en plus fermente, bouillonne et monte sous l'écorce terrestre et qu'on la verra sourdre de plus d'un point du sol au premier tremblement européen.

— Ces révolutionnaires sont tous les mêmes, s'écria M. Guillaumin. Au temps du suffrage restreint, ils s'élevaient contre le pays légal et ils demandaient le suffrage universel. Ils l'ont aujourd'hui, et comme il leur donne tort partout, ils s'insurgent contre lui, ils menacent la souveraineté du peuple qui naguère était leur idole. Cette logique et cette bonne foi ne sont-elles pas admirables? Ces gens-là sont incorrigibles. Ils font des barricades contre tous les gouvernements, et, quand ils réussissent quelque part à escalader le pouvoir, on les voit s'entre-dévorer; ce qui est, du reste, le seul service qu'ils puissent nous rendre.

— A travers les brutalités conservatrices de votre

langage, monsieur, répondis-je, je crois saisir votre objection, et je vais essayer d'y répondre. Cela est plus facile que vous ne pensez. Pour la souveraineté du peuple comme pour tout autre souveraineté, pour le suffrage universel comme pour tout autre système politique, l'homme sensé doit avoir un respect raisonné, et il n'est rien au nom de quoi l'on puisse exiger de l'homme libre une foi aveugle. Or il existe avant le suffrage universel et au-dessus de lui des principes...

— Ah! ah! interrompit M. Guillaumin, triomphant, vous avouez donc...

— J'avoue ce qui est avouable, je proclame ce qui est irréfutable. Mais, avant d'aller plus loin, il est bien entendu, messieurs, que nous parlons de l'Espagne, de la Révolution espagnole, du suffrage universel espagnol, et que nous maintenons les Pyrénées dans toute leur hauteur. Supposons donc, monsieur Guillaumin, que vous soyez Espagnol : certes, vous n'avez désiré ni la Révolution, ni le suffrage universel, ni la République; mais la Révolution se fait, le suffrage universel se décrète, la République existe... Que faire? La fécondité de votre imagination secondant la férocité de vos instincts, vous vous mettez en tête de réaliser cette abominable pensée que Racine prète à son Néron :

J'embrasse mon rival, mais c'est pour l'étouffer.

Alors vous criez jusque sur les toits : « Je suis révolutionnaire ! Je veux le suffrage universel. Vive la République !... » Mais vous savez cette histoire-là mieux que moi. Le tout consiste à proposer au vote populaire des questions captieuses, à tendre des piéges à sa candeur, à lui donner à choisir entre le néant et ce qu'on lui présente le couteau sur la gorge. à faire proclamer, pour ainsi dire, la monarchie par la République, à transformer en instrument de suicide sous des mains inexpérimentées, l'arme redoutable de la souveraineté nationale. L'Espagne, après avoir renversé la royauté, va la rétablir et vous nous direz : « Le suffrage universel a prononcé : l'ère des révolutions est fermée. »

— Certainement, appuya le doux M. Guillaumin ; et, si vous bougez, nous vous écraserons sous les ruines de...

— Sous les ruines de Madrid, interrompis-je, comme vous l'avez fait à Cadix et à Malaga. Eh bien ! monsieur, le suffrage universel n'a pas plus le droit ni le pouvoir de tuer la liberté et d'introniser la tyrannie qu'il ne peut décréter que le plus court chemin d'un point à un autre n'est pas la ligne droite et que deux et deux font trois ou font cinq.

— Le fait est que ce serait drôle tout de même, murmura le père Jean-Claude en souriant finement.

— Je crois, me dit Gaston, que vous allez un peu loin : les mathématiques et la politique n'ont rien de commun...

— Cette opinion, que professent beaucoup de personnes, est un grand malheur, repris-je ; car il y a en politique aussi des axiomes qui s'imposent au bon sens et dont la méconnaissance conduit aux abîmes. Que vont faire nos voisins en relevant ce qu'ils ont abattu ? Un homme ni un peuple ne peuvent aliéner leur liberté. Les pères, quand ils pourraient s'engager eux-mêmes, ne sauraient engager leurs enfants. Le consentement, qui, de sa nature, est chose mobile, variable et révocable à tout instant, est de nulle valeur dans l'établissement d'une autorité héréditaire. Les Espagnols, s'ils agissent comme tout le fait malheureusement supposer, présenteront le spectacle d'un peuple de fous, et la folie, comme on l'a dit fort bien, ne fait pas droit. A quoi bon multiplier les révolutions, verser du sang, ébranler des fortunes, pour changer seulement d'abus ? Une tyrannie n'en vaut-elle pas une autre? On s'explique que la monarchie héréditaire, fondée sur la violence et la fourberie d'une part, sur l'ignorance et la superstition de l'autre, et décoré du nom bizarre et mystique de droit divin, ait pu s'établir et durer. Mais, en dehors de cette fiction à laquelle personne aujourd'hui ne se prête plus, il n'y a place pour aucun pouvoir monarchique ou oligarchique, et la souveraineté du peuple rentre dans tous ses droits. C'est d'elle que tout émane, c'est en elle que tout se résume, et il ne doit, il ne peut sortir d'elle rien qui l'opprime ni la supprime légalement. Les Espagnols auront beau étayer la tyrannie restaurée avec le suffrage universel, ils ne feront qu'instituer une absurdité; car tyrannie et suffrage universel sont deux termes contradictoires qui se détruisent. Le fait brutal pourra se prolonger plus ou moins; mais la porte restera ouverte aux révolutions sanglantes dans ce beau et malheureux pays, comme l'appelait si bien tout à l'heure M. Lucot, tant que la logique et le bon sens y seront violés dans les institutions politiques et sociales.

— Si j'entends bien votre système, me dit alors le percepteur, il en résultera peut-être cet inconvénient que le suffrage universel, trop souvent consulté, tiendrait les citoyens toujours en éveil et nuirait aux intérêts particuliers sans mieux assurer les intérêts généraux.

— On ne saurait, ajouta Gaston, ressusciter les petites républiques de l'antiquité où les citoyens vivaient sur la place publique et abandonnaient le travail à des esclaves.

Je repris à mon tour :

— Sans chercher à ressusciter ce qui est mort, on peut, on doit organiser d'une façon plus indépendante et plus forte la commune, élément fondamental de la chose publique, base typique de toute société libre. Sans prendre au travailleur des champs ou de la ville, dans des proportions exagérées, un temps qui est son unique fortune, on peut, on doit appeler le suffrage universel à élire, à des intervalles assez rapprochés, ses mandataires à la commune, à l'arrondissement, au département, à l'assemblée nationale ; il faut, de plus, qu'il nomme le maire de la commune comme cela se fait dans la plupart des pays vraiment libres. Quant aux esclaves, c'est à la science de nous en donner, et elle a déjà commencé ; elle nous a donné la vapeur et l'électricité, et nous nous doutons à peine de tous les services que de pareils agents peuvent nous rendre. Déjà bien des machines abrègent le travail de l'homme, lui épargnent une certaine somme de fatigue, et lui laissent du temps qu'il peut employer à s'instruire et à se moraliser.

— Mais, dit M. Lucot, l'instinct routinier du paysan le conduit à repousser les procédés nouveaux de culture.

— Le progrès de l'instruction, répondis-je, éclairera son esprit et l'affranchira peu à peu de la routine.

— Mais, objecta M. Guillaumin en levant les épaules, le petit cultivateur ne saurait acheter des machines dispendieuses; et vous ne songez sans doute point à reconstituer la grande propriété?

— Et l'association, répliquais-je, ce principe éminemment démocratique et civilisateur, dont l'existence de la société est la première réalisation, l'association ne peut-elle s'appliquer à l'agriculture et présenter tous les avantages de la grande propriété sans en reproduire les inconvénients? La constitution de la commune, l'instruction primaire laïque, gratuite et obligatoire, l'application la plus générale possible du principe d'association, voilà les germes féconds d'un avenir de force, de liberté et de bonheur pour toute nation qui saura les recevoir, les échauffer dans son sein et les faire éclore à la face du monde émerveillé. Comptez encore sur le progrès infini et incessant de la science, sur la somme toujours croissante de bien-être physique et moral qu'elle apportera à l'humanité, et ne désespérez de rien.

— Vous dites vrai, m'sieur Eugène, s'écria Jean-Claude sur qui mes dernières paroles semblaient avoir fait une vive impression ; il ne faut jamais désespérer. Si nos paysans avaient plus d'instruction, ils en seraient meilleurs et plus heureux ; ils comprendraient bien des choses qu'ils ne comprennent point pour le moment, et ça n'en irait pas plus mal, au contraire. L'association, oui : il n'y a que ça et une commune bien organisée, avec un maire élu par nous. Tout ça me va, et si tout le monde était comme moi... Enfin, qui vivra verra.

Nous étions arrivés sur la place. On se sépara, et chacun alla à ses affaires. Jean-Claude me promit de venir me voir bientôt, et je retournai chez moi en agitant dans ma pensée ces grands problèmes de propriété, d'association, de liberté, d'enseignement, d'administration, dont quatre-vingts ans de révolution ne nous ont pas encore donné la solution.

VII

POLITIQUE ET SOCIALISTE.

VII

Politique et Socialisme

—

Jean-Claude ne tarda pas à monter à la Magnanerie. Je le vis arriver tout rayonnant ; je lui demandai la cause de sa bonne humeur ; il prit un petit air malin :

— Eh bien ! regardez voir, m'sieur Eugène, me dit-il dans le pur langage et avec l'accent chantant du vrai Franc-Comtois, ce vieux Guillaumin n'est point tout de même un si méchant diable qu'il le paraît. On vient d'avoir tous les deux un bout de conversation, et puis je vous dis, moi, que c'est un homme qui veut le bien du peuple.

— Il a cependant assez de bien comme cela ; s'il en veut encore...

— Oh ! vous voulez rire, m'sieur Eugène. Mais je vous assure que c'est tout comme je vous le dis. J'étais donc ce matin dans la cour, à l'entrée de la cave, en train de faire mes *entonnaisons* avec notre Pierre, le petit Daloz, de Chaumergy, et le père Mathieu à la Clorinde, quand je vois entrer M. Guillaumin. On se donne le bonjour ; on se met à causer un brin, et, tout d'un coup voilà qu'il me dit : « Père Jean-Claude, est-ce que, si je me portais candidat, vous voteriez bien pour moi? » — « Oh ! pour ça, non, m'sieur Guillaumin ! » lui ai-je fait. Il se mit à rire de ma réponse toute franche et tant soit peu brutale. « Pas même si je vous achète votre lopin de terre un tiers plus cher qu'il ne vaut ? » — « Encore moins ! » lui fis-je tout fâché. Il se met à rire de nouveau et commence alors à discourir tout son saoûl pendant une grande demi-heure.

— Et que vous a-t-il dit, monsieur Jean-Claude ?

— Dame ! beaucoup de choses, et je n'ai pas tout retenu. Mais le fond de son affaire, c'est qu'il veut avant tout assurer le bien-être du paysan et du citoyen. « Voyez-vous, père Jean-Claude, me disait-il, il ne s'agit pas de tant se préoccuper de la politique : ce n'est pas la politique qui vous fait vendre vos récoltes et améliorer vos propriétés. Ce sont des réformes sociales qu'il faut, des lois sévères qui établissent le gouvernement à bon marché. Les querelles de partis sont des enfantillages. Sous toutes les formes de gouvernement une nation peut prospérer, et ce qui importe surtout, ce sont les intérêts matériels ; le reste, qu'est-ce que c'est ? du vent, de la fumée ! Il n'y a que ça de sérieux. Tous vos politiques vous promettent le bien-être : nous seuls, nous vous le donnerons. » — « Vous seuls ? interrompis-je ; qui ça, vous seuls ? » — « Nous, les grands propriétaires, qui possédons la terre, qui la connaissons, qui l'aimons, qui sommes au courant de ses intérêts et des vôtres, mieux que vos bavards et vos ambitieux de la ville. » — « Il est certain, dis-je, que si vous étiez vraiment dévoués aux intérêts du peuple, vous seriez bien capables de les représenter et de les défendre. Mais, tous tant que vous êtes, vous n'en voulez que pour vous. » Alors il me dit que j'étais dans la plus grande erreur, que les intérêts de tous étaient les siens, que je ne parlais pas de moi-même, que sans doute quelqu'un m'avait soufflé ces pensées-là, que...

— Que ?... Après, monsieur Jean-Claude ?

— Oh ! dame, je ne sais plus, moi ; et puis...

— Et puis ?...

— Et puis, je n'ose point.

— Ah ! ah ! fis-je en souriant ; est-ce que ce bon M. Guillaumin vous a parlé de moi ? Il ne m'aime guère, et je le lui rends bien.

— Ma foi ! oui, m'sieur Eugène ; puisqu'il faut tout vous dire, il est tombé sur vous à bras raccourcis. Ça me faisait de la peine ; je vous ai défendu comme j'ai pu, mais il redoublait toujours, et j'aurais voulu...

— Oh ! je devine bien tout ce qu'il a pu vous dire, et cela m'est fort indifférent.

— C'est égal, à part cela, dans le reste de son discours, il y avait du vrai et du bon.

— Mon pauvre monsieur Jean-Claude, en êtes-vous bien sûr ?

— Dame ! il m'a paru comme ça. Après tout, vou êtes plus savant que moi, et il se peut que vous voyiez ce que je ne vois point.

— Ecoutez-moi, et ne soyez pas dupe des finesses cousues de fil blanc de l'ancien maître de forges. Sans doute, l'état social réclame de grandes réformes ; sans doute, on doit chercher et trouver une plus équitable répartition des richesses; sans doute, en dehors de la chimère d'une inutile et funeste égalité de fortune, on arrivera à la réalisation de ce vulgaire proverbe : « *Il faut que tout le monde vive !* » Mais vous ne sauriez attendre de tels progrès, ni de la religion qui vous dit : « *Rendez à César ce qui est à César, — Mon royaume n'est pas de ce monde,* » et « *Vous aurez toujours des pauvres parmi vous,* » ni du despotisme qui ne peut s'appuyer que sur le maintien des privi-léges. La première condition indispensable pour que des réformes sociales puissent s'accomplir et durer dans le sein d'une nation, c'est que cette nation soit libre. Or, la liberté et le despotisme sont incompatibles. Je sais bien que certaines gens croient naïvement pouvoir concilier ces deux inconciliables ennemis, comme aussi la foi avec la raison ; que d'autres, en bien plus grand nombre, font semblant de le croire, et, en trompant les autres, n'ont pas même l'excuse de se tromper eux-mêmes. Ils sont semblables à ces charlatans qui proclament dans les foires, devant les villageois ébahis, la naissance du fruit incestueux de l'union d'une carpe avec un lapin. L'accouplement monstrueux et stérile du despotisme et de la liberté, ou plutôt de son fantôme, s'appelle généralement le césarisme ; non pas que César l'ait inventé : le césarisme est bien antérieur à César ; mais il l'a beaucoup perfectionné, et de perfectionnement en perfectionnement, de turpitude en turpitude, d'abrutissement en abrutissement, ses successeurs sont arrivés à produire cette excroissance vénéneuse de l'histoire qui a été flétrie du nom de Bas-Empire. Dans ce système, car cela est devenu un système, la liberté n'est qu'un mot retentissant dont on assourdit les oreilles de la foule, et l'on se préoccupe surtout de gorger et d'amuser cette foule et de la maintenir dans l'ignorance et les ténèbres. Le problème à résoudre pour le maître est d'assurer à ses esclaves du pain et des spectacles, et la durée de sa tyrannie est mesurée à la possibilité où il est de leur fournir de quoi remplir leur ventre et captiver leurs yeux. Plus les mœurs sont dépravées, plus les sens sont développés, excités, impérieux, aux dépens de la raison, de la volonté et de l'énergie, plus le césarisme est solide ; et tout son secret consiste, par conséquent, à corrompre les mœurs, à tenir les sens en éveil, à obscurcir les intelligences, à dompter, à détruire les volontés et les énergies. Cette pâte molle qu'il pétrit au gré de ses caprices est hypocritement décorée par lui du beau nom d'opinion publique, et la souveraine du monde, ainsi garrottée, travestie et bafouée, devient l'instrument de règne le plus précieux pour le despote. Et croyez-vous qu'en retour de sa soumission à un pareil joug le peuple soit toujours certain du pain aux douceurs duquel on veut lui faire borner toute son ambition ? Dans les premiers temps, cela marche : les impôts rendent bien ; le contribuable les paie sans murmurer ; les travaux publics occupent les bras, les salaires s'élèvent, la cité s'agrandit et s'embellit ; Auguste laissera de marbre la ville qu'il avait prise de pierre : tableau splendide, horizon merveilleux !... Mais attendez un peu : les favoris dévorent des millions ; l'armée, pivot de tout le régime, engloutit des milliards ; les financiers qui, a-t-on dit, soutiennent l'Etat comme la corde soutient le pendu, font sortir du vague de la métaphore le spectre de la banqueroute, de la hideuse banqueroute, et lui donnent une réalité effrayante. Des réformes sociales ! Des diminutions d'impôts ! Est-ce que cela est possible ? Ce serait le suicide du système : il faut qu'il absorbe, qu'il absorbe toujours et de plus en plus les sucs vitaux du pays ; c'est la seule nourriture de son appétit insatiable et sans cesse croissant, et il ne saurait consentir à se laisser mourir de faim. Epouvanté de lui-même, incertain, hésitant, s'il songe à revenir sur ses pas, à s'arrêter, il sent une force irrésistible qui le pousse sur la pente rapide et une voix implacable qui lui crie : Roule, roule vers l'abîme, sans paix, sans trêve, sans merci ! Et quand une nation, corrompue, ruinée, abrutie, inerte, s'est abandonnée aux immondes étreintes du despotisme, son sort inévitable est de rouler avec lui dans l'abîme. Voilà, mon cher monsieur Jean-Claude, où votre M. Guillaumin et ses pareils conduiraient la France si on les laissait faire. Heureusement il y a encore dans notre pays des gens de bon sens et de décision ; vous êtes de ceux-là, et je suis sûr que vous êtes tout étonné du petit éblouissement que vous a donné le bavardage du maître de forges, vous qui avez d'ordinaire l'œil si clair et la vue si longue.

— Ma foi, oui ! m'sieur Eugène, et je vois bien à présent que je donnais dans le panneau. Tout ça, c'est de la glu de candidat à prendre les électeurs qui sont encore de leur village. Un homme averti en vaut deux. On se tiendra désormais sur ses gardes.

— Cela pourrait aussi s'appeler, repris-je, du socialisme d'occasion. Et tenez, il faut que je dise une bonne fois, et je crois, monsieur Jean-Claude, que vous serez de mon avis, combien le mot de socialisme m'agace et me paraît vide de sens. Ce n'est qu'un mot, et la chose qu'on a la prétention de lui faire représenter n'est pas, dans la pratique, plus indépendante de la politique que la politique ne peut s'en séparer. La politique, c'est le bon ordre de la cité ; le socialisme, c'est la bonne organisation de la société. Quelle différence fait-on entre la cité et la société? Est-ce que ces deux expressions ne sont pas synonymes ? L'ordre de la cité peut-il être bon si l'organisation de la société est mauvaise, ou être mauvais si elle est bonne ? Encore une fois, ce sont là des équivoques de mots, des puérilités, des arguties, des niaiseries. Tout politique sensé est naturellement un socialiste, et tout socialiste, sous peine d'être absurde, doit être politique. Il n'y a pas à sortir de là. Les nations, en dehors du parallélisme, ou mieux, de l'identité de ces deux mouvements qui les emportent en avant, ne feront que tourner sur elles-mêmes, et, passez-moi cette comparaison tirviale, patauger et coasser dans le bourbier de la routine comme des grenouilles dans un marais. Songez-y, monsieur Jean-Claude, et ne vous fiez à aucune espèce de Guillaumin.

— Ah ! il n'y a plus de danger, et vous m'avez bien dégrisé de ces gens-là. Si tout le monde vote comme moi, il ne veut pas être nommé, c'est bien sûr. Ecoutez : voici comme je comprends la chose. Le socialisme, c'est la charrue, et les bœufs sont la politique. Il ne faut pas mettre la charrue devant les bœufs, et faire passer le socialisme avant la politique, puisque c'est celle-ci qui tire naturellement celui-là après elle. Pas vrai, m'sieur Eugène ? Je vous remercie tout de même de ce que vous m'avez dit relativement au Guillaumin et au reste.

— A votre service, monsieur Jean-Claude, dans la mesure de mes petits moyens.

VIII

CITOYENS ET SOLDATS.

VIII

Citoyens et Soldats

Il y avait un passage de troupes à Sellières. Deux soldats se trouvèrent logés chez le père Jean-Claude ; on lui en assignait à chaque passage. M. le maire ne le ménageait point. Je le rencontrai sortant de l'hôtel de ville où il était allé porter, bien inutilement, ses plaintes. Il se mit à me les exhaler en propos pleins d'amertume.

— Ah çà! lui dis-je, monsieur Jean-Claude, vous avez donc une bien grande haine contre les soldats?

—Je n'ai point du tout de haine contre eux, me répondit-il; est-ce qu'ils ne sont pas nos frères, nos enfants, notre sang? Mais j'ai de la haine contre un système qui fait traîner, le sabre au côté, un tas de gaillards oisifs de la caserne au cabaret et du cabaret à la caserne. Vous verrez qu'il arrivera ici quelque mauvaise affaire, comme il en arrive chaque jour dans une foule d'endroits. Est-ce qu'il n'y a point de remède possible à tous ces coups de sabre?

— Le seul remède au mal, ce serait la suppression absolue du port d'armes en dehors du temps de service. Ce remède est aussi le seul que l'administration ne veut à aucun prix appliquer. Quel est son but? Quelles sont ses intentions? Prétend-elle instituer un privilége en faveur d'une catégorie de Français, au détriment d'une autre catégorie de Français? Est-ce que nous ne sommes plus tous égaux devant la loi? C'est ce qu'on ne saurait dire.

Gaston M... nous avait rejoint dans la rue et prit part à la conversation.

— Que parlez-vous de privilége, me dit-il? L'armée se recrutant sans cesse parmi les citoyens, tous jouissent successivement de ses priviléges, s'il en existe réellement.

— Sans doute, répondis-je, en vertu des principes de l'esprit moderne, la vie militaire n'est qu'une phase de la vie de citoyen; le soldat n'est que le citoyen en armes; l'armée n'est point un Etat dans l'Etat, un corps dans le corps social; elle n'est qu'un membre, une fraction de l'organisme, ou plutôt la métamorphose partielle et temporaire de la nation. Mais les actes, les paroles, les moindres signes de gouvernement tendent à en faire tout autre chose; et je n'en veux pour preuve que le décret du 27 octobre. Ce décret est une véritable barrière mise à l'absorption du soldat dans le peuple. Il crée des priviléges pour le citoyen qui est *ancien militaire;* il prononce des exclusions contre celui qui ne l'est pas. De cette façon, l'armée se prolonge pour ainsi dire au delà d'elle-même; la caserne déborde dans la cité; l'esprit militaire menace d'anéantir l'esprit politique; et, à voir nos gouvernant agir comme ils font, on serait tenté de croire qu'ils désirent, qu'ils appellent, qu'ils hâtent de tous leurs efforts la consommation d'un aussi funeste résultat. Dans quel intérêt avouable de pareilles mesures sont-elles prises? Assurément, on ne se défie pas, en cas de danger pour la France, du patriotisme de ses soldats; la seule supposition qu'ils pourraient faillir à la défense de la nationalité et de l'indépendance du pays serait un outrage dont la pensée ne peut venir à personne. Pourquoi donc, en vue de quels projets, en prévision de quelles éventualités accentuer sans cesse la distinction de l'armée et du peuple, la séparation du citoyen et du soldat? Pourquoi flatter et caresser sans cesse celui-ci aux dépens de celui-là? Sait-on à quoi l'on s'expose et quelle responsabilité l'on encourt? L'administration a souvent abusé, et notamment dans ces derniers temps, de ce qu'elle appelle dans son langage, des *offenses à telles ou telles personnes*, des *excitations à la haine et au mépris du gouvernement*, *à la haine et au mépris des citoyens les uns contre les autres*, etc. Elle a prodigué et prodigue tous les jours à la presse des accusations de cette nature. Pour moi, la dernière me touche profondément et me serait extrêmement pénible, si l'opinion publique, égarée, pouvait un instant la prendre au sérieux et me croire coupable de ce chef. Il est étrange, pour ne pas dire plus, que ce soient ceux-là même qui prêchent la paix, la concorde, l'union, et qui inscrivent sur leur drapeau le mot sublime de *Fraternité*, qu'on accuse précisément et, à ce qu'il semblerait, systématiquement, de crier aux armes et de semer la guerre, la discorde, la désunion, la haine. Ici comme en d'autres occasions, ce sont les incendiaires qui les premiers crient : « Au feu! » Chaque jour on fait un pas dans cette voie funeste. Au décret du 27 octobre est venu tout récemment se joindre la loi sur les pensions à accorder aux anciens soldats de l'Empire. Ceux de la République figurent à côté d'eux; mais combien en reste-t-il? Voilà une apparence d'impartialité qui n'engage pas à grand'chose. Pour en revenir au port d'armes, la question est des plus sérieuses et mérite que l'opinion publique, déjà fort émue, s'y arrête et force le pouvoir à la résoudre dans le sens de la paix et de la concorde. Le peuple aime les soldats, et les soldats ne peuvent pas ne pas aimer le peuple, dont ils sont. La nation française est une grande famille qu'il serait criminel de chercher à diviser contre elle-même. Le soldat ne cesse pas un instant d'être citoyen : il vote; il nomme les représentants de la France; et, loin de s'appliquer à étendre l'esprit militaire aux citoyens, c'est parmi les soldats, électeurs et éligibles comme tous les Français, qu'il faut faire pénétrer l'esprit politique. Le suffrage universel n'est sincère et valable qu'autant qu'il est pratiqué par tous ceux qui l'exercent en connaissance de cause. Plus de distinctions, plus de priviléges, plus de castes ; nous sommes tous Français, tous égaux : travaillons fraternellement à devenir tous libres, heureux et glorieux par la liberté.

— Il paraît toutefois, dit Gaston M..., qu'il y a dans tout ce qu'on dit beaucoup d'exagération, et que les journaux...

— Oui, interrompis-je, le ministre de la guerre a prétendu à la Chambre que presque tous les récits qu'on faisait d'agressions de militaires contre des civils étaient autant de fables. C'est facile à dire; mais il est plus facile de prouver le contraire. Les journaux ont donné les dates, les noms, le détail circonstancié des faits. Feuilletez-les : vous y trouverez pour les dix derniers mois de 1868 plus de trente agressions ou menaces d'agressions de soldats contre des citoyens; c'est une moyenne de trois conflits par mois, d'un tous les dix jours. Des accidents, dont quelques-uns sont légers, d'autres fort graves, se sont produits partout, à Marseille, à Strasbourg, à Bordeaux, à Caen, à Amiens, à Paris, à Thionville, à Lille, à Colmar, à Saint-Jean-des-Vignes, à Vincennes, à Rennes, à Louvigny, à Nantes, à Toulouse, à Angers, à Clermont-Ferrand, à Troyes, à Poitiers, à Suresnes, à Aubervilliers, à Betton, à Nevers, à Aubigny, à Rouen, à Vannes, entre Cuire et Caluire, entre Guines et Calais, à Saint-Lô, à Lyon, à Saint-Etienne, à Blidah, à Saint-Pierre-lez-Calais, à Bourges, à Saint-Justin, à

Saint-Maur, à Constantine, à Orange. Mon ami Feyrnet, du *Temps*, tient le compte exact de ce qu'il appelle *les gaietés du sabre*. Depuis le 1er janvier 1869, il en a relevé une quarantaine.

— Ma foi ! dit Jean-Claude, nous devrions bien prendre exemple sur les peuples qui nous entourent et qui, s'ils ne font pas tant de bruit, font quelque besogne. J'ai lu qu'en Italie les députés viennent d'abolir le privilége qu'avaient là, comme cela existe encore en France, les gens qui se font prêtres d'échapper au service militaire, et qu'en Belgique, on vient d'interdire aux soldats le port d'armes en dehors des heures de service.

— A la bonne heure ! dis-je : ces nations-là sont dans le vrai : elles le proclament moins et le pratiquent plus. Dans notre Empire du Milieu, je ne vois pas pourquoi, pleine licence étant laissée aux soldats de tailler en pièces les citoyens, ceux-ci ne seraient pas armés de leur côté et ne seraient pas mis en mesure de repousser la force par la force. Comment ! nous nous proclamons le premier peuple du monde et nous n'avons qu'un pauvre petit million d'hommes en armes !... Qu'on donne bien vite un sabre aux trente-sept ou trente-huit millions d'êtres humains qui portent le nom français, en y comprenant les vieillards, les femmes et les petits enfants, et les deux mondes sont à nous ! Nous en reviendrons enfin, il n'en faut pas douter, à la coutume de nos ancêtres qui fichaient un sabre en terre et l'adoraient. Tout pour le sabre et par le sabre !......

Nous nous séparâmes en riant. Mais notre rire était amer, et nos cœurs étaient gonflés.

Je revins à Jean-Claude et je lui dis :

— Vous avez raison, mon ami : il ne faut haïr personne, ni le clergé en bottes, ni l'armée en soutane. Il faut aimer les hommes, quels qu'ils soient et quelque habit qu'ils portent. Ce qu'il faut haïr de toute la vigueur de son honnêteté et de sa logique, ce sont les mauvaises institutions, et c'est le devoir de tout bon citoyen de les combattre et de les détruire en usant librement et complétement de tous les droits qu'il est à portée d'exercer.

IX

INSTRUCTION OBLIGATOIRE

IX

Instruction obligatoire

Par une belle après-midi, nous nous promenions, Jean-Claude et moi, en attendant l'heure du souper, sur la Route-Neuve, et nous causions, selon notre coutume des réformes qu'appelle l'état social et politique de notre pays. Nous en vînmes au chapitre inépuisable de l'instruction obligatoire.

— Nous parlions un jour, me dit le père Jean-Claude, de l'éducation des femmes, et vous nous avez fait là-dessus une grande démonstration que je n'ai point oubliée. Mais savez-vous que tout ou presque tout est à faire aussi pour l'éducation des hommes? Vrai, ça me fend le cœur de voir l'ignorance du paysan, et, la main sur la conscience, je ne comprends pas que des gens qui ne savent ni A ni B soient électeurs.

— Monsieur Jean-Claude, répondis-je, ils ont les mêmes droits que vous et moi. Toutefois, je suis, en quelque sorte, de votre avis. Lorsque la Révolution de Février a institué le suffrage universel, elle a mis loyalement, héroïquement la pratique en harmonie avec la théorie, le fait d'accord avec le droit. Sa faute, une de ces fautes généreuses dont peu de gouvernements ont à s'honorer, a été à ne pas songer que les ténèbres du passé n'avaient point préparé les yeux de la foule à la lumière du présent, que cette lumière les éblouirait, et qu'une dangereuse illusion d'optique jetterait la France dans le précipice. Aujourd'hui que tout est consommé, il serait insensé de songer à revenir en arrière, et personne n'en peut concevoir la pensée. Mais il eût été possible, légitime et salutaire alors de restreindre la faculté de voter à tout Français sachant lire et écrire, et de décréter en même temps l'établissement de l'instruction primaire laïque gratuite et obligatoire. Le droit n'en eût pas moins été solennellement proclamé dans son inviolable et imprescriptible intégrité, et le sanctuaire en fût perpétuellement demeuré ouvert à l'accès des générations successives. On n'aurait assurément pas taxé d'aristocratique une institution où chacun, à toute heure, de toute part, aurait pu pénétrer en vertu de son initiative et de son intelligence. Mais, encore une fois, c'est en avant et non en arrière qu'il faut regarder, et l'instruction primaire gratuite et obligatoire peut seule, en répandant les connaissances indispensables et en étendant l'esprit politique, élever l'homme et le citoyen, et donner au suffrage universel de l'avenir sa conscience, sa valeur et sa portée légitimes.

Le percepteur, M. Patrice Lucot, venait à notre rencontre. Nous nous arrêtâmes. Il demanda de quoi il s'agissait. Je le mis au fait.

— Ne craignez-vous pas, me dit-il, d'aller contre vos principes et de déserter la cause de la liberté en imposant aux familles l'obligation d'envoyer leurs enfants à l'école ?

— Il m'est facile de répondre à cette objection. Personne ne croit et ne saurait soutenir que toute obligation doive être bannie de l'état de société, puisqu'à vrai dire c'est l'obligation même qui constitue cet état. Il suffit, pour que le droit demeure sauf, que l'obligation soit librement consentie. Or, dans une société vraiment démocratique, la loi oblige tout le monde, parce qu'elle est faite par tout le monde. D'ailleurs (je ne dis pas cela pour vous qui êtes homme de sens et de progrès), la plupart des gens qui nous reprochent d'attenter à la liberté des familles en réclamant l'instruction obligatoire, sont les mêmes qui acceptent, et qui célèbrent, en embouchant la trompette épique, l'obligation du service militaire, le retranchement des neuf plus belles années de la vie du citoyen sans profit pour lui et avec mille risques de maladie et de mort. L'impôt de l'intelligence, au contraire, moins onéreux et plus fécond que celui du sang, se percevrait au bénéfice de l'individu en même temps que de la société. C'est précisément dans les pays les plus libres qu'existe l'instruction obligatoire, et ces pays sont les plus prospères et les plus dignes d'admiration parce qu'ils sont à la fois les plus éclairés et les plus libres. Il n'est pas plus vexatoire de contraindre les citoyens à éclairer leur esprit, à déblayer et à nettoyer leur intelligence, qu'il ne l'est de leur enjoindre d'accrocher une lanterne le soir à leur voiture et de balayer le matin la devanture de leur maison.

— Mais, demanda encore M. Patrice Lucot, par quel moyen accommodez-vous le système de l'instruction obligatoire avec le principe de la liberté d'enseignement dont vous êtes à coup sûr partisan ?

— Peu importe où et comment les enfants apprennent à lire et à écrire, pourvu qu'ils le sachent. La liberté des familles demeure là-dessus pleine et entière. Vous avez d'ailleurs raison de dire que je suis partisan de la liberté d'enseignement. A mes yeux, toutes les libertés se tiennent et toutes les libertés sont nécessaires. Des libertés qui ne seraient pas nécessaires ne seraient pas des libertés, n'existeraient pas. Pour mieux dire, il n'y a pas *des libertés :* il y a *la liberté*, une, indivisible, inaliénable et imprescriptible. Ma liberté n'a d'autre limite que la liberté de mon voisin, et la sienne, d'autre limite que la mienne. L'équilibre et la réciprocité du droit de chacun constituent la liberté, la dignité et le bonheur de tous.

— Vous avez parlé, dit M. Patrice Lucot, d'enseignement *laïque;* dans ce mot, n'y a-t-il pas une restriction à la liberté que vous proclamez illimitée et universelle ?

— Nullement. Comme tout se tient, ainsi que je viens de vous le dire, dans la société telle que nous la concevons, il n'y a plus de cultes reconnus, plus de prêtres, de ministres ou de rabbins : salariés il n'y a que des citoyens; les religions diverses ne sont que des entreprises privées s'administrant sous la surveillance des lois communes, et le mot même de *laïque* n'a de valeur que par opposition à l'état actuel des choses. Moins exclusif que les différents clergés, le grand parti de la liberté ne peut songer à opprimer qui que ce soit; il a surtout le respect des minorités, dans lequel il voit le plus ferme appui des majorités. Mais il faut que rien ne soit soustrait à la loi, et qu'en toute occasion l'on applique la loi, toute la loi, rien que la loi. Du reste, dans un pays qui s'habitue de plus en plus à se gouverner lui-même, l'influence de la libre pensée et de la libre action s'accroît tous les jours, et le poids des clergés de toute espèce devient à chaque instant plus léger dans la balance de l'opinion publique et de la vie pratique.

— Tout cela est bel et bon, dit alors le père Jean-Claude; je pense absolument comme vous, m'sieur Eugène, bien qu'il ne me fût pas possible d'exprimer mes idées comme vous nous faites connaître les vôtres. Mais il y a bien des difficultés : le manque d'écoles, le temps à perdre pour s'y rendre à de grandes distances, les inconvénients de la mauvaise saison, la question d'argent : est-ce que je sais encore, moi ?

Oui, répondis-je, toutes ces difficultés existent, et encore bien d'autres. Mais avec de la volonté et de l'énergie, on peut les vaincre. Les écoles manquent. Qu'on en construise, et que chaque commune ait la sienne : les enfants ne perdront point de longues heures sur la route et n'auront point à affronter les intempéries. Qu'on améliore le sort des instituteurs et des institutrices, dont la misérable condition fait la honte de notre pays et de notre époque. Il n'y a point d'argent pour bâtir des écoles, payer un plus grand nombre d'instituteurs, et porter à un chiffre décent le traitement de ceux qui fonctionnent déjà? Qu'on applique au budget de l'instruction publique le budget supprimé des cultes, le budget de plus en plus amoindri de l'armée... Les ressources abondent. On peut facilement diminuer nos charges, et, en employant mieux le produit de celles qu'on nous laissera, donner à la France la vraie et solide grandeur et une gloire pure de sang et de larmes. La question de l'instruction publique, de l'éducation de l'homme et du citoyen, est la question fondamentale, vitale, de toute société. De sa solution dépendent l'avenir et l'existence même de la France. C'est à établir le parallélisme de l'instruction universelle et du suffrage universel que nous devons tendre. C'est à devenir, dans ce sens, la première des nations que nous devons aspirer, et nous sommes bien forcés de convenir tous que nous avons encore beaucoup de chemin à faire pour atteindre ce but, le seul qui soit digne de tenter notre patriotisme.

Le percepteur nous quitta. Je me séparai à mon tour de Jean-Claude en lui disant :

— Ces jours-ci je pars pour Paris où m'appellent quelques affaires. Ecrivez-moi ; je vous répondrai, et nous continuerons ainsi à nous entretenir des matières qui nous intéressent. Mais rien ne vaut la causerie intime et familière. A mon retour ici, nous reprendrons peut-être nos conversations politiques et philosophiques. Nous sommes loin d'avoir épuisé tous les sujets, d'avoir même touché à tous ceux qu'il faudrait traiter. La carrière est vaste. Bientôt, et pour un instant, l'action va prendre la place de la parole. C'est une heure solennelle. Votons, et votons bien. Au revoir, monsieur Jean-Claude !

— Bon voyage, m'sieur Eugène, et prompt retour dans notre Sellières !

X

RÉVOLUTION ET RÉVOLUTIONNAIRES. — DERNIERS CONSEILS

X

Révolution et Révolutionnaires. — Derniers conseils

—

LETTRE A JEAN-CLAUDE.

Paris, le 3 mai 1869.

« Mon cher monsieur Jean-Claude,

» D'après ce que vous m'avez écrit la semaine dernière, tout marche à souhait et il y a lieu d'espérer chez vous un bon résultat pour les prochaines élections. Bien des gens, me dites-vous, viennent à nos idées, qui en étaient, il n'y a pas encore longtemps, éloignées de plus de cent lieues. D'autres résistent encore, ont peur de ce qu'ils appellent la Révolution et les Révolutionnaires. Voulez-vous que je vous aide à bien démêler ce qu'il faut entendre par ces mots, en apparence si redoutables, en réalité si simples et si consolants?

» Rien ne périt; tout se transforme. Cette loi s'applique aux mots du dictionnaire politique comme à toutes choses.

» Laissez-moi revenir sur une remarque que je crois vous avoir déjà faite dans l'un de nos entretiens.

» Quand le suffrage universel a été institué, beaucoup de gens se sont écriés : « L'ère des révolutions est fermée. »

» Avec le suffrage universel, en effet, à la condition expresse qu'il fonctionne librement, qu'il soit la traduction exacte et complète de la pensée nationale, qu'il ne soit pas appelé à se prononcer sur des axiomes politiques, évidents comme les axiomes mathématiques en vertu desquels on dit, on sait, on sent que deux et deux font quatre, et que le tout est égal à la somme de ses parties, avec le suffrage universel ainsi pratiqué, il ne saurait plus y avoir de *révolutions ;* mais il y a encore, il y aura toujours la *Révolution.* Les *révolutions,* ce sont les tempêtes, les ouragans, les cyclones et les typhons que la météorologie politique doit prévoir, et dont elle peut arriver à préserver les éléments sociaux ; la *Révolution* c'est le fleuve fécondant et majestueux, irrésistible et calme, roulant à perpétuité ses eaux, dont chaque minute accroît la masse et accélère la vitesse vers l'océan incommensurable de l'avenir.

» Il y a par tout pays, nous le savons, de bonnes âmes que les mots de *révolution* et de *révolutionnaires* effarouchent et jettent dans d'inexprimables terreurs. Ces excellentes personnes voient dans la Révolution le synonyme de massacre, de pillage, d'immoralité, de violences et d'excès de toutes sortes, et ne se figurent un révolutionnaire que comme un homme affreux, les cheveux hérissés, la barbe inculte, le regard féroce, les mains souillées, les vêtements en désordre, le rire sardonique aux lèvres, l'imprécation à la bouche, ivre à la fois de sang et de vin.

» D'autres, plus avisés et d'une naïveté plus délicate ne refusent à leurs adversaires ni la culture de l'esprit ni l'élégance des manières, ni la science, ni le talent; mais ils leur attribuent de la meilleure foi du monde, je le veux croire, une âme perverse et une influence corruptrice. Du moins, ils les considèrent à peu près comme des pestiférés, et s'efforcent d'établir autour d'eux une sorte de cordon sanitaire.

» Nous aurions vraiment honte, vous et moi de nous

attacher à combattre les premiers, quelque nombreux qu'ils soient encore et quelque redoutable que puisse paraître une telle multitude d'enfants dévots à Croquemitaine, en qui le gouvernement entretient avec soin cette superstition d'où il tire une trop grande partie de sa force.

» Aux seconds, l'on pourrait conter cette parabole :

» Un homme avait dans son champ un arbre couvert de fruits magnifiques. Un voisin vint le voir et lui dit : « Pourquoi ne cueillez-vous pas ces fruits ? — Les cueillir ! s'écria l'homme ; mais ils ne sont pas mûrs. » — « Le soleil les a teints de pourpre et d'or, reprit l'autre ; les oiseaux du ciel viennent en foule les manger, les pluies vont arriver et gâteront le reste : hâtez-vous. » Le maître du champ eut mauvaise opinion de son voisin qui prétendait l'obliger à cueillir ses fruits avant leur maturité ; il fit bonne garde nuit et jour autour de l'arbre. Mais un vent violent ne tarda pas à s'élever ; l'arbre fut entièrement dépouillé de ses fruits qui jonchèrent la terre ; notre homme se baissa pour les ramasser : ils étaient tous pourris. Le maître du champ était un conservateur ; le voisin, un révolutionnaire.

» Révolutionnaires ! Nous le sommes tous plus ou

moins ; c'est une question de thermomètre. Où commence la Révolution ? Où finit-elle ? Elle coexiste et coïncide à toutes les profondeurs illimitées du temps et de l'espace. C'est elle qui emporte éternellement les mondes dans l'immensité de l'éther, et les sociétés dans la vaste orbite de l'histoire. Qu'un globe se brise. qu'un soleil s'allume, qu'une comète apparaisse ou disparaisse dans les régions d'une de ces nébuleuses que l'astronome surprend à des milliards de lieues de notre terre, s'irritera-t-on de l'inconstance et du caprice de la nature ? L'accusera-t-on d'impiété, et lui reprochera-t-on ses violences ? A ce compte, la mer qui sépare brutalement les terres et cache des continents sous ses flots, le volcan qui ensevelit des villes sous la lave, sont de grands ennemis de l'ordre, d'insolents perturbateurs du repos du monde, de féroces destructeurs de la paix publique. Assurément les générations de plantes et d'animaux qui ont péri, les races d'hommes qui ont succombé avec les essais successifs de la nature, sans cesse transformée dans le perfectionnement continu des êtres, ont maudit les cataclysmes géologiques dans lesquels ils se trouvaient engloutis. Les lois nécessaires et immuables qui régissent l'univers auraient-elles donc dû s'arrêter à leurs clameurs ? L'histoire, la civilisation, la loi inflexible de l'humanité reculeront-elles devant des terreurs vaines, des résistances aveugles, des préoccupations égoïstes ? Changeons les mots, — car les plus grandes querelles ne roulent souvent que sur les mots, — la Révolution s'appelle aussi Progrès et Liberté. Est-ce qu'il y a quelqu'un qui puisse, qui veuille, qui ose se proclamer l'ennemi du Progrès et de la Liberté ? Et n'avais-je pas raison de dire tout à l'heure qu'à des degrés différents nous sommes tous révolutionnaires ? Le Progrès ! la Liberté ! Mais ce sont les conditions premières de la vie ; et la vie est universelle : la mort n'existe pas. Le mouvement, le changement, encore une fois, est partout. La pierre la plus dure change, le métal le plus solide se modifie, la matière la plus inerte se meut. Où sont les insensés qui voudraient parler d'immobilité quand ils sont entraînés sans relâche dans la course de cette sphère qui roule dans les cieux avec une rapidité de locomotion dont ne sauraient approcher nos essais les plus hardis, nos conceptions les plus enflées ? Puisqu'il en est ainsi, et que telles sont les lois de l'être, que devons-nous donc faire ? Ce que dit un poëte ancien :

« Suivre la nature, donner notre vie pour la patrie

et croire que nous sommes nés, non pour nous, mais pour le monde entier. »

» Ceux mêmes dont les lèvres renient la loi du Progrès et de la Liberté n'y sauraient échapper. Ils ont beau se boucher les oreilles pour ne pas entendre le cri universel ; ils ont beau fermer les yeux pour ne point voir les modèles incorruptibles que la nature propose à notre imitation : à leur insu, ce son divin et cette lumière sacrée les pénètrent, les nourrissent, les fortifient, s'incorporent à eux, les transfigurent et les renouvellent. Que dis-je ? Le despotisme lui-même n'ose plus s'étaler dans sa hideuse nudité, et, malgré lui, il a dû se couvrir du masque de la liberté. Mais le masque a rongé le visage, et le monstre est à l'agonie.

» Qu'est-ce donc que le despote devant le peuple ? Qu'est-ce donc que le despotisme devant la Révolution ? Le fait devant le droit, le contingent devant l'absolu, le brin de paille au souffle de la tempête, la minute en présence de l'éternité. Le despotisme et le despote, c'est le désordre et le rebelle, la spoliation et le larron, le crime et le criminel. La Révolution et les révolutionnaires, c'est l'ordre et ses gardiens ; la justice et ses défenseurs, le bien et ses apôtres.

Le despote se met avec son caillou sur la voie, et, s'il n'est broyé, fait dérailler le convoi et périr les voyageurs. Le révolutionnaire monte sur la locomotive, la dirige et mène le train vite et droit au but. Le despotisme combat les forces de la nature ; la Révolution les emploie. Que l'on cesse donc de déclamer contre elle; si l'on échappe au mot, on n'échappera point à la chose. Sans doute, pour en revenir à notre parabole, il serait insensé de porter une main violente sur le fruit encore vert; mais il n'est pas moins coupable de le laisser tomber pourri de l'arbre. Les étapes de la Révolution sont les maladies de croissance des peuples. Il en est des peuples comme des individus : les uns passent sans secousse de l'enfance à l'adolescence, de la jeunesse à l'âge mûr ; les autres n'éprouvent que des crises séparées par de longs intervalles de repos; d'autres enfin grandissent péniblement et au milieu de douleurs aiguës et sans cesse renaissantes. Tel a été le sort de la France. Toutefois le despotisme a vécu chez elle peu de jours. Au moment même où Louis XIV posait la dernière pierre du sombre monument, le lourd couronnement du monstrueux édifice, la base en était ébranlée par des mineurs inattendus. Il y aurait je vous l'ai déjà dit, un travail curieux à faire sur les *écrivains révolutionnaires* du dix-septième siècle. Le peuple lui-même, force encore purement instinctive, s'essayait aux émeutes de la place publique. Enfin la Révolution grandissait à ce point qu'un jour — ce fut le 12 juin 1709 — le *grand-roi*, vieux, vaincu, malheureux, fut réduit à expliquer, à justifier sa conduite dans une lettre adressée à ses sujets ; le droit divin se perça lui-même avec l'arme de la souveraineté du peuple. Quatre-vingts ans plus tard la monarchie absolue était balayée.

» Depuis, on a voulu, à plusieurs reprises, rebâtir l'édifice. Mais, chaque fois, il est arrivé ce que la légende raconte du temple de Jérusalem et de ceux qui s'efforçaient de le relever : des globes de feu sortant de dessous terre ont consumé les ouvriers.

» On a vu aussi un architecte qui, ayant réussi à parfaire à peu près son œuvre, grâce à des procédés de construction d'une témérité et d'une violence inouïes, a craint à la fin que l'atmosphère viciée d'un bâtiment privé d'air et de lumière ne l'étouffât lui-même avec ceux qu'il y avait renfermés, et s'est décidé à y pratiquer une fenêtre. Aussitôt une irrésistible colonne d'air a pénétré dans l'intérieur ; les forces de ceux qui étaient dedans se sont bientôt ranimées ; ils les ont tout de suite employées à aggrandir la fenêtre; elle s'élargit tous les jours ; on en percera d'autres ; on ouvrira les quatre murs et le toit, et la France, notre grande et chère patrie, revivra au plein air de la liberté.

» Chacun de nous, mon cher monsieur Jean-Claude, peut avancer la venue de ce grand jour en déposant dans l'urne un vote conscient, intelligent, libre, sincère, fécond. Pour qu'il en soit ainsi, il est indispensable de bien comprendre la situation, de se souvenir de tout ce qui s'est produit anciennement et récemment, et de conformer sa conduite pour l'avenir à ce qu'enseignent le passé et le présent. Un électeur doit avoir du jugement et ne pas manquer de mémoire. Je ne sais si vous lisez quelquefois les feuilles gouvernementales, dynastiques, bien pensantes, comme on voudra les appeler. Savez-vous que ce serait une chose fort comique, si elle n'était, à un autre point de vue, profondément triste, que la surprise, l'indignation, le désarroi des journaux officieux ou agréables, de tous les défenseurs plus ou moins zélés du gouvernement, en présence de la réprobation universelle qu'ont soulevée et que soulèvent encore des scandales récents ? Ces honnêtes feuilles, ces estimables gens ne peuvent comprendre qu'après avoir digéré si facilement, tant de choses énormes l'estomac de la France soit devenu tout à coup de cette extrême délicatesse ! Ah ! il fallait que nous fussions tombés bien bas,— et c'est là le côté triste de la situation, — pour qu'on s'étonne si fort de nous trouver enfin sensibles aux derniers outrages ! Combien, dans d'autres temps, nous nous étions montrés plus ombrageux et plus rétifs ! Ce fut assez des ordonnances du 26 juillet 1830 pour déterminer l'explosion d'une révolution qui balaya sans retour une antique monarchie, et qui fut acclamée par le pays tout entier. Dix-huit ans plus tard, notre fibre était déjà plus dure à l'atteinte, et, pour l'irriter, la blesser et produire une commotion nouvelle, l'honnêteté publique dut être ouvertement bravée, la corruption dut s'étaler effrontément aux yeux de tous dans des procès ignominieux, la main de la police dut être mise sur la bouche de la France ; il fallut qu'à la fin de décembre 1847, un illustre orateur pût s'écrier au banquet de Dijon, sans crainte d'être démenti par aucun de ses auditeurs ni par l'avenir le plus prochain : « Le pouvoir, qui semblait naguère si vigoureux, s'affaisse sur lui-même sans qu'on l'attaque. Une invisible volonté va semant dans les hautes régions d'humiliantes catastrophes. Des actes inattendus de démence, de honteuses chutes, des crimes à faire dresser les cheveux sur la tête, des suicides inexpliqués viennent frapper coup sur coup l'opinion publique de stupeur. Alors, cette société, si prospère, en apparence, s'agite ; elle s'interroge avec inquiétude sur je ne sais quel venin caché qu'elle sent courir dans ses veines. *Corruption*, voilà le mot du moment, et chacun de s'écrier : « Impossible que ces choses » durent ! Que nous apportera la journée de demain ? » Messieurs, quand les fruits sont pourris, ils n'attendent que le passage du vent pour se détacher de l'arbre ! »

» Depuis, nous en avons vu bien d'autres sans nous émouvoir, et les turpitudes du passé n'ont semblé que peccadilles à notre endurcissement croissant. Voilà pourquoi, sans doute, les ventrus et les satisfaits d'aujourd'hui s'émerveillent tant du cri de la conscience nationale. Nous aurions bien crié plus tôt ; mais nous étions bâillonnés. Il est entré dans la tactique du pouvoir de soulever un peu le bâillon, et aussitôt nous nous sommes mis à crier autant que la faiblesse de nos poumons, longtemps comprimés, nous l'a permis. Qu'y a-t-il d'étonnant à cela ! Qu'y a-t-il d'étonnant à ce que les clameurs redoublent à chaque découverte d'un abus ignoré, à chaque éclat d'un scandale nouveau ?

» Tantôt c'est un des sentiments les plus respectables dans l'homme, le culte des morts, que l'on proscrit, que l'on insulte, que l'on châtie dans les hommages rendus à la mémoire d'un martyr de l'ordre et de la légalité.

» Tantôt c'est une provocation coupable à la guerre civile que l'on commet de sang-froid et avec préméditation, en mettant sur pied soixante-mille hommes, en chargeant les fusils Chassepot et en tenant toutes prêtes les mitrailleuses pour combattre une manifestation imaginaire et aboutir à un procès contre six personnes et à une condamnation insignifiante.

» Ici, c'est la police qui arrête et maltraite les citoyens et les fait punir des coups qu'elle leur a donnés, qui se saisit étourdîment des femmes honnêtes et inoffensives, et qui trône dans la toute-puissance et l'inviolabilité.

» Là, c'est le ministère de l'instruction publique qui emprunte au ministre de la guerre des fusils pour les lycéens, des caporaux et des sergents pour les élèves des écoles primaires, et qui transforme les inspecteurs d'académie en agents électoraux.

» Ailleurs, on voit l'administration disposer abusivement des biens nationaux, disperser des trésors d'art rassemblés par la France pour l'étude et l'admiration de ses enfants et de ses visiteurs étrangers, et les exposer à la destruction.

» Enfin, les débats du Corps législatif ont renouvelé l'émotion profonde causée dans l'opinion publique par la démission d'un magistrat dans les circonstances et pour les motifs que l'on connaît.

» Que dire des plaies qu'a découvertes, des ulcères rongeurs qu'a mis à nu la discussion sur les finances de la ville de Paris, du cynisme des uns, de la coupable indulgence des autres?

» Ainsi l'accès d'un cimetière interdit aux vivants, fermé devant les morts eux-mêmes, et la couronne de fleurs déposée sur une tombe qualifiée de manœuvre; une éducation soldatesque donnée à nos enfants; la police maîtresse de tout et partout, et jusque dans le sanctuaire de la justice; la dispersion des richesses de nos musées; la dilapidation des deniers publics, tels sont les scandales dont la France rougit et s'indigne, dont le monde, qui le contemple, s'afflige et s'étonne.

» Les défenseurs attitrés de l'administration vont

nous dire : Que réclamez-vous ? N'êtes-vous pas libre et votre langage ne le prouve-t-il pas ?

» L'argumentation est au moins bizarre.

» On nous avait ôté jusqu'à la liberté de la plainte : c'est la seule qu'on nous ait rendue, jugeant sans doute qu'on ne pouvait faire autrement. Nous nous plaignons donc ; on nous répond si l'on veut et ce que l'on veut, et tout est dit.

» Voilà ce qu'on appelle notre liberté !...

» N'importe : tant qu'on abusera de notre patience ; nous userons et nous abuserons du droit de plainte, et le pouvoir, s'il était sage, nous en remercierait ; car c'est le seul frein qu'il rencontre, la seule barrière qui se dresse devant lui, le seul indice d'après lequel il puisse augurer le verdict que lui prépare le suffrage universel. Le suffrage universel, lui, ne se plaint pas : il donne des ordres, et on les exécute.

» Veillons seulement à ce que la sincérité et la liberté de vote soient complètes, et demeurons patients jusqu'au bout. De quelque vertige que soient saisis nos adversaires, quelque esprit d'imprudence et d'erreur qui les aveugle, ils ne trouveront point de canons qui puissent triompher de l'insurrection légale et pacifique du suffrage universel, et il n'y aura point de force contre le droit.

» Au revoir, mon cher monsieur Jean-Claude. Je vous serre bien affectueusement la main, à vous et à votre fils. Présentez mes respects à votre femme et rappelez-moi au bon souvenir de nos amis.

» Tout à vous.

E. GELLION-DANGLAR. »

Imp. A.-E. Rochette, 72-80 boul. Montparnasse, Paris.

PARIS. — IMP. A.-E. ROCHETTE, 72-80, Bd MONTPARNASSE

www.ingramcontent.com/pod-product-compliance
Ingram Content Group UK Ltd.
Pitfield, Milton Keynes, MK11 3LW, UK
UKHW021042230726
13926UKWH00004B/1604